思うことから、すべては始まる

ミリオンセラー8冊達成の幸運に学ぶ

植木宣隆

サンマーク出版

はじめに

小さな出版社が、なぜ8冊ものミリオンセラーを出せたのか？

あてもなく迷い込むようにして出版業界に身を置くことになって、早いもので40余年になります。26年を単行本編集者として、17年を経営者として過ごしてきました。

前半の20年は、斜陽産業といわれつつも業界全体の売上は伸びて1996年にピークを打ち、後半の20年余は、一本調子で下り坂となり最盛期より5割近くも売上が落ちる、そんな時代を生きてきました。

ぺーぺーの編集者として、ひたすら目の前の原稿や著者と格闘した時期。優れた著者との仕事で刺激を受け、「この世学問」の大事さに気づいた時期。そして思いがけず社長となり、社員にとっての「最高の仕事と、いい人生」を考え続けてきた時期。

どの時期にも、「二度とあの瞬間には戻りたくない」と思える、辛(つら)く苦しいことは無数にありました。今はもう時効なので正直にいうと、資金繰りに四苦八苦して銀行を駆けずり回っていたこともありました（経営者は血の小便を出して一人前といいますが、残念ながらいまだその境地には至っていません）。

古株の役員たちと、よく話すことがあります。

これまで、いつも売上や資金繰りの問題、会社の抱えている目の前の課題に、一心不乱に対処しながら、けわしい山道を登ってきた。

そして今振り返ってながめてみると、登ってきた道というのが、その両側とも深く切り立った崖の連続で、ほんの少し足を滑らせるだけで奈落の底に真っ逆さま。これまで無事にたどりつけたのは、ほとんど奇跡のようなもの。

あの断崖絶壁の道を、もう一度歩けるかといわれたら、絶対不可能だと答えるしかないよね、ということです。

それくらい、まるで何か見えないものに守られて前に進むことができたという思いです。

これまで本当に幸運に恵まれてきたというのは、それくらいのリアリティを持って感じています。

先ほど挙げたどの時期にも、幸いなことに私自身、多くのヒット作に関わることができました。そして、業界全体がダウントレンドだった直近の25年間に、サンマーク出版は8冊の単行本ミリオンセラーに恵まれてきたのです。

社員が50名に満たない小さな会社が、こうした成果を上げるというのは、世界中の出版界でもあまり例がないようです。しかも、特定のヒットメーカーが次々とヒットを飛ばしたわけではありません。

私は1995年に刊行された『脳内革命』（春山茂雄著）の企画編集を務めました。それが410万部という戦後日本の出版界で2番目（当時）となる大ヒットとなり、続編にあたる『脳内革命②』も134万部のミリオンセラーとなりました。残る6冊のミリオンセラーの担当編集者は5名いて、役員や編集長クラスから入社3年目の女性編集者まで、キャリアもさまざまです。文庫や新書ではなくすべて単行本で、本のジャンルも多岐にわたっています。

幸運なことに、ミリオンセラーだけでなく、数十万部クラスの書籍も次々に出すことができました。現在、編集者は15名いて、在職年数がそれなりに長いおかげもありますが、年次の浅い数名を除けば、全員が20万部以上のベストセラーの経験者です。

また、自社のヒット作の版権を売り、海外でもベストセラーにしていく取り組みにも早くから挑んできました。

実際に、世界の35か国・地域で翻訳出版されて300万部を刊行した『水は答えを知っている』（江本勝著）や、中国で400万部を突破した『生き方』（稲盛和夫著）、さらにはアメリカで400万部を記録し、世界で1200万部に達した大ベストセラー『人生がときめく片づけの魔法』（近藤麻理恵著）など、これまで海外発行総部数は2500万部を超えています。

いったいどうしてこんなことができたのか。サンマーク出版は、なぜヒットが生み出せるのか。どうやって人を育てているのか。その秘密を明らかにしてほしい、という声を、これまでにもありがたいことに多方面からいただいてきました。

また実は10年以上も前から、社内の編集者を通じて、これまで会社としてやってきたこと、私がやってきたことを本にするべきだ、という提案を受けていました。

私自身、『脳内革命』が想像をはるかに超えて売れてしまい、そこで自分の編集者としての運は使い果たしたと思っていました。ならば、今度は編集者を育てる側に回ろうと考え、あたふたと過ごしてきて、気づいたら社長になっていた、という人間です。

人様に立派なことが言えるような立場にはない、と固辞をし続けてきたのですが、出版業界やコンテンツ業界、さらには日本のものづくり、商品づくりの世界が苦境に陥っているというニュースが伝わってくるにつれ、もしかしたら何かのお役に立てるのではないか、と思うようになってきました。

改めて説明するまでもないかもしれませんが、簡単にヒットが生み出せるような法則などありません。ただ、そこに近づくヒントはあるのではないか。そのために個人個人は何をするべきか。会社はどうすべきか。経営者はどんなことを意識すればいいか。社内でどんな取り組みをやっていくべきなのか……。その模索は、ずっとし続けてきたつもりです。

私自身、本当に幸運なことに、出版という仕事を通じて、業界を代表するような経営者など素晴らしい方々からたくさんの大きな学びをいただいてきました。これもまた、われわれの取り組みの大きなヒントになりました。

今回、われわれの考え方や、やってきたことを本にするにあたり、改めてどのようにして語っていくのがよいのか、さまざまに頭を巡らせました。そして思い立ったものがひとつありました。

私は、考えていることを文字にする作業がとても好きなのですが、あるとき、社内の編集者や営業スタッフなど、出版に従事する人たちに大事にしてほしいことを格言にまとめたことがあったのです。ものづくりや仕事をする上で大事な考え方を凝縮できないか、と思ったのでした。

ただ、普通に言葉を並べるのではなく、覚えやすいように「かるた」にしてみたのです。社内では「サンマーク出版かるた」と呼ばれ、ときには仕事の指針になったかと思います。また、そのうちのいくつかはセミナーなどでも紹介して、小さな笑いを誘ったこともありました。

「サンマーク出版かるた」は「いろはにほへと〜」の順番で読めるように作られています。今回はこのかるたを、各章のテーマに添って配しながら、ランダムに読んでいただく形でまとめることにしました。実は本書の執筆を機に、一部を入れ替え、最新の「令和元年バージョン」のかるたにしています（巻末に一覧を掲載しています）。

編集者のみならず、ものづくりに関わる人、また日々経営の現場で苦闘している方々に、本書を読んで1か所でも2か所でも、傍線を引ける箇所を見出(みいだ)していただくことができれば、著者としてこれ以上の喜びはありません。

著者

思うことから、すべては始まる

目次

第2章

エネルギーこそが人を動かす

ら　た　に

第3章　「首から上」で仕事をするな

第4章　全員がヒットを生み出せる仕組み

れ

め

装幀　轡田昭彦＋坪井朋子
編集協力　上阪徹
校正　株式会社ぷれす
編集　鈴木七沖（なないち）

第1章

限界意識を取り払う

まずは「そう思うこと」から

強く持続した「思い」は実現する

多くのミリオンセラーに関わってきたからでしょうか、「ミリオンセラーに一番近い編集者はどういう人ですか」という質問をよく受けることがあります。

私の答えはとてもシンプルで、**「誰よりも強く、ミリオンセラーを出したいと願っている編集者」**ということになります。

本というのは、ある意味で編集者の想念の物質化現象だといえます。こういう本があればいいな、こういう著者のこういうテーマの本があればいいな、と編集者が心に思い描くと、半年後なり1年後なりに、ぽんと目の前に本ができている。まさに想念が、物質になって出てくるわけです。その想念を最大限に高めるためには、強い思いを持っていないといけないのです。

これは、本のミリオンセラーに限らないと思います。お菓子や飲み物を大ヒットさせたい、家電製品を大ヒットさせたい、というのも同じではないでしょうか。強い思いがすべてを作るのです。だから、「サンマーク出版かるた」では、**まずは「そう思うこと」から、**と記しています。

そして、これは目新しいことでもなんでもなく、多くの先達が同様のことを語っています。しかも、とんでもなく成功された方々が、です。

例えば、サンマーク出版はこれまでに京セラ創業者の稲盛和夫さんの単著を3冊刊行していますが、そのうちの一冊、『京セラフィロソフィ』の中に「新しいことを成し遂げる」というテーマでこんな話が出てくるのです。

「世界中の成功者の多くが口にすることは、この『心に思ったとおりになる』ということなのです。成功ストーリーを読めば、ほとんどがこのことに帰結しています。（中略）つまり、強く持続した思いが実現するということは、普遍的な真理なのです」

あの稲盛さんが、実に「普遍的な真理」とまで断定されているのです。私もまさにその通りだと思いました。より強く思うこと。潜在意識まで到達する強い願望を持つ。それこそカラーで見えるくらいまで鮮明に描くのだ、と稲盛さんは言われていました。

同じく『生命の暗号』を刊行してくださった遺伝子工学の世界的権威である村上和雄先生から教えていただいたのは、**「心定めが大切」**という言葉でした。

大きな研究が成功するかどうかは、研究室のボスが本気で成功すると思っているかどうかだ、というのです。やはりこれも正鵠を射ていると私は感じました。心定め、とりわけトップの人間がどれくらい本気で思っているかは、とても大事だということです。

いつ会社がつぶれるかもしれない、という状況の中で

今でこそ多くのヒット作に加えて版権や電子書籍の収益のおかげで、ありがたいことに社員にも報いることができていますが、私が創業者から引き継いで社長になった2002年7月からは、それまでの編集者人生とは違った、経営者としての苦労を味わいました。

うかつにも社長になってから知ったのですが、当時の会社は財務内容が極めて悪く、自己資本比率がなんとマイナス。まさに倒産寸前といってもいい状況でした。

中小企業の経営者で資金繰りに苦労しない人はいないといわれていますが、幸か不幸か、早速、経営者としての洗礼を受けたわけです。

おかげさまで就任した翌年から何冊かのクリーン・ヒットに恵まれ、同時に力のある既

刊書を継続して売り伸ばす作戦を推し進めることで、しんどいながらも少しずつ苦境からの脱出を図りました。

私が社長になって心に決めたのは、経営者は環境を言い訳にできない、ということでした。言い訳するくらいなら、他の業種に移るか、画期的なイノベーションを起こして次のステップに行くべきだ、と考えていたのです。

私にできたのは、絶えず可能性のあるものに投資をしていくことでした。「この本は」と思うものに賭けて、たとえ失敗してもいいから、というスタンスで挑戦し続ける。社員の成長に思い切って投資する。海外への版権販売や将来性のある電子書籍に投資する。「まずはそう思う」しかなかったのです。

稲盛さんからは、こんなことも教えてもらいました。人生と仕事において結果をもたらす方程式です。

「人生・仕事の結果=考え方×熱意×能力」

この方程式、実は最初は、「能力×熱意×考え方」の順番だったのだそうです。能力が最も大事だと、当初は稲盛さんも考えておられたのかもしれません。ところが、それが変わっていきました。というのは、熱意と能力はゼロから100までだけれど、考え方はマイナス100から100まであり、結果に及ぼす影響が極めて大きいからです。

実際、有名な大学を優秀な成績で卒業し、熱意にあふれていても、考え方がおかしいと、とんでもない事件を起こすようなことになる。掛け算ですから、結果がすべてマイナスになってしまう。場合によっては、世間を震撼(しんかん)させる凶悪犯罪のようなことだって起こりかねない。

そこまでいかなくても、最初から「できない」「できるわけない」「そんなのありえない」と考えていて、大きな物事が達成できるはずがありません。「できる」「きっとできる」「絶対にうまくいく」と思っている人と、さて、どちらが大きな結果を残せるでしょうか。

何より大事なことは考え方なのです。本気でこうしたい、きっとそうなる、と思うこと、なのです。

願いを書き出し、発表する

願いをかなえる魔法、年始の「大ぼら吹き大会」

サンマーク出版では毎年、年始に年度方針発表会を行っています。そこで恒例になっているのが、「大ぼら」目標発表会です。社員全員が、絵空事でも空想でもなんでもいいので、大ぼらを吹いて「今年はこうします」という目標を全員の前で発表するのです。

けっこうな大ぼらを、毎年みんな吹いてくれます。中には、途中で本人や聞いている他の社員がクスクス笑い出すものもあります。

あまりにもほらが過ぎるということで、最近は「必達目標」もひとつは入れるようにしてもらっています。ほらばかりでは経営ができません。

それと、半年後と1年後に、これまた全員の前での結果報告が義務づけられているので、当然ながら「本気度」が試されます。

しかし、この大ぼら目標発表会は、実は社員にとても大きな効果をもたらしていることを私は知っています。**「限界意識」が知らず知らずのうちに、取り除かれる**からです。

人間は誰しも限界意識を持っています。勝手に持ってしまっている。例えば、ノーベル賞の受賞者は、ノーベル賞を取った研究室から、次々に生まれるのだそうです。どうしてそんなことが起こるのかというと、大して風采も上がらない、いつもいっしょに冗談を言い合っている同僚がノーベル賞を取ったりすると、「彼にできたのなら、オレにも取れるぞ」と思うからだそうです。限界意識が外れるのです。

限界意識は、人間だけでなく、動物にもあります。例えば、小さな生き物のノミには、ぴょんぴょんと1メートル以上の高さまで跳ぶものもいるそうです。ところが、ガラスの容器にノミを入れ、30センチのところで上ぶたをすると、跳んでもふたに当たって落ちてしまいます。そしてしばらくすると、ふたを外しても、1メートル以上跳べるはずなのに、30センチの高さのところまでしか跳ばなくなるというのです。

大きな動物の象も、生まれて間もない頃に、チェーンにつないで杭（くい）に結わえ付けておくと、まだ力がありませんから、自分の力では杭が抜けない。抜けないと思っているので、成長して大きくなって、十分に杭を抜けるような力がついていても抜こうとしなくなるのだそうです。象も象なりの限界意識を持ってしまうのです。

こう聞くと、限界意識の怖さに気づけます。だから、大ぼら吹き大会なのです。「今年はミリオンセラーを出します」「20万部以上の本を2冊出します」「5万部以上を3点出します」……。全員でほらを吹く。これが大きな意味を持つのです。

年始のミリオン宣言を実現させてしまった編集者

この話を他の出版社の方にすると、「植木さん、7000部、8000部出るのがやっとのご時世に、5万部だ、20万部だ、ミリオンだなんて、ありえないじゃないか」と言う方が多い。これがまさに限界意識そのものです。

しかし、考えてみれば、「それは無理だ」などと誰が決めたわけでもない。本当に7000部、8000部でやっとなのか。

ミリオンセラーとなった『病気にならない生き方』（新谷弘実著）の担当編集者、元常務取締役で現在は独立して経営者になっている高橋朋宏は、そう考えなかった。「今年はミリオンセラーを狙います」と2005年の年始に発表し、翌年には見事ミリオンセラーを達成したのです。

驚くべきことですが、出版企画書を私が見たとき、「**100万部突破候補企画**」と冒頭に書いてあったのです。今でも忘れませんが、経営者として悪い気はしませんでした。しかし、さすがにいきなり100万部を狙うなんて、と私も正直、戸惑ってしまったのを覚えています。

ところが、それが実現してしまうのですから驚きです。

前提として、新谷先生に数十万部のロングセラー名著『胃腸は語る』（弘文堂）があったことも見逃せません。装幀はもちろん、本の構成や目次立てにも「読者の知りたいこと」にフォーカスする工夫がありました。

また、売れ出した後に、10万部段階でソフトバンクの孫正義さんと著者の全面対談広告を日経新聞紙上で実現させたり、50万部段階ではプロ野球・ヤクルトの元監督、故・野村克也さんとの対談広告を読売新聞紙上で行ったりなど、プロモーションだけで何冊かの本を作るほどの情熱を傾けたことも奏功しました。

ミリオンセラーが生まれる可能性は「万が一」の確率より低いわけですが、彼は1年間、ミリオンになることを祈り続けていた、とあるときに語っていました。

しかし、さらに驚くべきは、「今年は2冊目のミリオンセラーを出します」と大ぼらを吹いた年がまたあったことです。その年、２０１０年の暮れに彼が担当編集として出したのが、日本でミリオンセラーになっただけでなく、世界的な大ベストセラーになった『人生がときめく片づけの魔法』でした。

信じられないことが起きたわけですが、**限界意識を取り除くことの威力**がおわかりいただけると思います。

大ぼら吹き大会の話を、元サッカー日本代表監督・岡田武史さんにお話ししたことがあります。そうすると、「植木さん、それは当たっている」と言われました。岡田さんはよく子どものサッカーの指導をするそうですが、「夢を語れ」と言ってもみんな黙ってしまうのだそうです。

ところが、「みんな大ぼらを吹いてみろ」と言うと、次々にほらを吹き始めるというのです。岡田さんにもお墨付きをいただいて、大ぼら吹き大会には俄然また力が入りました。

もっとも小社の場合は、社長をやっている、大したことのない男が410万部のミリオンセラー『脳内革命』を作ったことがあるわけです。だから、**ミリオンセラーくらい、自分たちでも作れるよ**、とみんな絶対に考えていると思います。あんなアホな社長に作れて、自分たちに作れないわけがない、と。

その意味では、私自身の存在そのものが会社の限界意識を取り払っている、といえるかもしれません。

どんな誇大妄想をしても、誰も損しない

私はどういうわけか、学生時代に出会ったこの英単語が気になって仕方がありませんで

した。そして、大好きになりました。

「Megalomaniac」

日本語に訳すと**「誇大妄想者」**です。誇大妄想的な発想が実際に好きですし、「どうせなら大きく考えよう」というのが習い性になっている側面を自覚しています。

誇大妄想の面白いところは、妄想が現実にならなくても、誰も損するわけではないということです。もし実現したら万々歳。だったら、勝手に妄想してしまったほうが「勝ち」なのです。

第4章で述べる**「せ　世界で2000万人に読まれる本を作ろう」**も同様で、もし実現したら万々歳、でもイメージするだけでも楽しくなりますね。

ソフトバンクの孫正義さんにも有名な話があります。創業当初の福岡の小さな雑居ビル。みかん箱の上に立って、たった2人のアルバイトに言ったそうです。

「豆腐屋さんの心意気でやるぞ！　豆腐を1丁、2丁と数えるのと同じように、1兆、2兆と数えられるような規模の会社にする」

その後、孫さんが言った通りの会社になりました。

何かを積み上げていくのではなく、ゼロベースで始めるときには、どこかで誇大妄想的な想念を抱き続けて、それをぜひ形にしようという思いを持つ。それが大事なのです。

そのように考えていれば、当然行動も変わってきます。関連するあらゆることが気になる。やるべきことをやるようになる。とことんやり抜くことを考えるようになる。思いは行動を変えていくのです。

ひとつ、極めて興味深かった体験があります。『脳内革命』が刊行された3年後、1998年にミリオンセラーとなったのが、『小さいことにくよくよするな!』（リチャード・カールソン著）でした。刊行から10日くらい後に、喫茶店でぼんやりしていて、ふと頭に浮かんできたのです。

「この本は、来月はこの媒体でこういう告知をすると、何万部重版。再来月にこういうことをやって何万部になって、何か月後にはこんなふうに展開して……」

ビジネスダイアリーの年間一覧表のページに、月ごとの予想部数を順次書き込んでいったのですが、気がつくと12月の欄に「100万部」と書いてしまっていたのです。

誇大妄想を通り越して、もはやクレイジーともいえる想念にとらわれたわけです。

こんな「体験」は初めてだったので、自分でも薄気味悪くなって「6月17日　宣隆」とサインも入れておきました。

驚くべきことが起きたのは、その後です。**半年のあいだ、現実がそこに書かれた数字を**

ほぼそのままそっくりなぞっていって、12月にはちょうど100万部になったのです。奇跡的な出来事でした。この奇妙な体験は、今も忘れられません。

右の例は、おわかりの通り、実はありえないことが起きた例です。こんなことが何度も起きたら、経営者は苦労しません。

誇大妄想を抱いても、誰も損しないなどと大見得を切りましたが、正直にいうと、社員や会社に大損をさせることも珍しくありません。

というのも、「これはいける」とばかりに、踏み込みすぎて過剰重版し、あげくの果てに大量返品を食らったことも1度や2度ではないからです。

また、ある特定の企画に力こぶを入れすぎて原価が高騰し、年度目標が未達に終わるなど、実は大きな被害を生んで社員を泣かせてきた暗黒史もあると、ここで告白し、社員の皆にもこの場を借りてお詫(わ)びしておくことにします。

したがって、この項は運用にご注意の上、扱ってくださるよう、伏してお願いしておきます。

次のヒットは「けったいなもの」の中から

たとえると、生き残った「新種」のようなもの

生命の進化を学んでみると、当初は「けったいなもの」と思われていたはずの生き物にたくさん出会うことができます。

例えば、キリン。今は動物園に行けば見られますし、キリンという動物を人は普通に認識していますが、この動物が現れた当初は、どう考えてもけったいだったと思うのです。

自然界では、環境の変化などさまざまな要因や、突然変異で新しい種類の動物が生まれます。けったいな「新種」は、たいがいは生き残れない。おそらく滅びてしまうことのほうが多いのだと思います。

ところが、そのけったいなものがしっかりと根を下ろし、あたりまえのものとして定着することがある。そのひとつが、キリンだったわけです。

そしてこれと同じような状況が、本の世界にもあると私は思っています。新しいヒットは、けったいなものの中から生まれる、ということ。これはずっと持ってきた信念であり、実際それに類したことが多いのではないでしょうか。

けったいなものですから、見向きもされず売れないままに市場から姿を消してしまうことも少なくないのですが、けったいなものだからこそ、注目され、ヒットするものがあるのです。

例えば、先ほど触れた『小さいことにくよくよするな!』という本。これも、当時は誰もそんなことを言う人がいなかったのでした。意外にも盲点を突いたメッセージだったわけです。だからこそ、アメリカの原書も大ヒットした。

ただ、エージェントからの情報が届いた時点では、まだ中ヒット程度でした。ところが、この本の可能性に気づいた人間がいたのです。それが、この本の担当編集者で今はフリーランスとして活躍している青木由美子でした。彼女は前年に『神との対話』(ニール・ドナルド・ウォルシュ著)を翻訳出版してヒットさせ、小社で翻訳書のジャンルを切り開いてくれました。

契約を結ぶまでにアメリカでの部数がどんどん伸びていって、最後は国内の大手出版社と競り合うことになりましたが、われわれはブリーフィング版を読み込んで「これはいける」と考えていたので、思い切ったアドバンスを提示し、晴れてライツ（著作権）を獲得することができました。

すると翻訳書が刊行できた時点では、なんとアメリカで500万部という、超ミリオンセラーに育っていたのです。けったいなもの、だったからこその快挙です。そして、それは日本でも同様でした。

「開脚」ができる本がなぜ、ミリオンセラーになったか

2016年にミリオンセラーとなった『どんなに体がかたい人でもベターッと開脚できるようになるすごい方法』（Eiko著）、これもけったいな本といえるでしょう。担当編集者は、常務取締役の黒川精一です。

どうして開脚ができるようになる、というだけの本がここまで売れたのか。もともとこの企画は、黒川自身の体が固くて、子どもの頃から開脚のできる人に憧れていた、というところから始まっています。そんな彼が**ネットニュースで著者のことを知り、YouTube動画が370万回も視聴されている**ところから、著者に企画を提案したのです。

こんなけったいな企画に類書はもちろんありません。潜在的な読者ニーズがあるかどうかも定かではありませんでした。ただ、黒川がやってみたかった、というだけなのです。しかし、それまでに『医者に殺されない47の心得』『長生きしたけりゃ　ふくらはぎをもみなさい』と前職で2冊のミリオンセラーを出していた彼の本づくりは、「けったいなもの」の極致でした。

「実技編」というべき写真とイラストの解説以外、つまり本文はなんと小説仕立て。実用書なのに中身は自己啓発的な小説というのは、「けったいなもの」を通り越して前代未聞です。

おまけに、狙いすましたような長いタイトル、だからこそキーワードをしっかり見せる表紙デザイン、ビジネスパーソンでも買いたくなるような空気感。これが、彼もびっくりするほどの初速を見せたのです。

けったいな本ですが、潜在的なニーズがあったとしか思えません。これを読んだら健康になれる、などと書いてあったわけでもない。ただ、開脚ができるようになる、だけ。しかし、著者がベターッと開脚しているのを見ると、自分もやりたくなったという読者が多かったようです。

初版は８０００部でしたが、猛烈な動きを見せているということで、これは千載一遇のチャンスではないかと、私の勝負師魂にもスイッチが入りました。

実際、書店で展開しただけで、どんどん売れていくというエネルギー量の大きな書籍でした。そこに思い切った広告攻勢をかけたため、爆発的な反響を生みました。

5月の発売でしたが、8月には50万部を突破。年末12月にはＴＢＳの人気番組「中居正広の金曜日のスマイルたちへ（金スマ）」で取り上げられ、年内に１００万部を達成しました。


けったいなもの、というのは、褒め言葉に聞こえないかもしれません。しかし、**これまでになかったものの偉大さというのは、これくらい強烈な言葉を使わないと表現できないのです。**

キラーコンテンツを生み出し、広める

自分が心の底から出したいと思うものを作る

ものづくりに携わっている人は皆さん、ヒットを出したいと奮闘しています。潜在力のあるマーケットやテーマはどんなものか、ターゲットはどうか、必死に考えていると思います。

でも、それよりも大事なことは、**自分が心の底から出したいものを作る**、ということです。実は、それこそが人の心を強烈に打つキラーコンテンツになりうると思うからです。

私が初めて企画した本は、前職の潮文社から刊行された『一輪の愛をください』（広瀬善順尼編）でした。私は京都生まれで大学時代まで京都で過ごしました。だから、嵯峨野（さがの）

に「直指庵」という人気のお寺があることを知っていました。水子供養で有名な化野の念仏寺が近いこともあって、たくさんの若い女性が、庵主さんめあてに相談に訪れていたのです。

そして、誰が始めたのかわかりませんが、相談に訪れた若者たちがお寺に置かれた「想い出草」というノートに、自分の思いを綴るようになりました。そこには、恋の悩みや進路に対する迷い、将来への夢や不安など、心の丈が書き綴られていました。私はそれを読む機会を得たのですが、思春期ならではの心の動きにあふれていて、なんとも心打たれたのでした。

これをまとめて一冊の本にしたらどうか、と思いました。きっと多くの人の共感を呼ぶものになるに違いない、と。ところが、「想い出草」のノートは段ボール箱に一杯、数百冊はありました。当時、入社したばかりの私は会社から指示された仕事で多忙を極めていました。とても自分の企画を動かす時間がなかった。

そこで、編集部に入社が内定していた優秀な学生に、膨大なノートからの選定作業を代行してもらおうと考えたのでした。これぞと思うものには付箋を貼ってほしい、と伝えたのです。

そして、彼から仕事が終わったと報告を受け、付箋部分を見せてもらったときのこと。

たしかに付箋の数だけは、書籍一冊分になるという条件を満たしていました。ただ、肝心の内容が、私のイメージとまったく違っていたのです。もっといいものがあったはずなのです。

彼は彼なりの基準で選んでくれたのかもしれませんが、やはり最初に「この数百冊のノートを凝縮して一冊にまとめ上げよう」と思った私とは、真剣度がまるで違っていました。**編集者が100人いれば、100通りの本ができる**、と知ったのは、このときです。また、集めて編むという編集の本当の意味を知ったのも、このとき。そして何より強烈に感じたのは、これぞと思った当人が本づくりをやり切ることこそが、作り手には一番大事だということでした。人任せではダメなのです。

私はすべての付箋をはがして、ゼロから選定作業を進めました。忙しい中で、没入しました。書かれているもののうち、多くはどうということのない平凡な記述なのですが、中にキラリと光るものがある。それを探し出し、すくい取っていく作業が純粋に楽しかった。

修学旅行で直指庵に来て、嵯峨野の自然に触発されるようにして日々の反省を記す中学生がいるかと思えば、彼氏の子を身籠り中絶した直後の心の叫びを綴る高校生がいる。数百冊のノートに、さまざまな人生の断面が凝縮されていたのです。

そして、これを多くの人に読んでほしい、と心から思いました。本が売れるかよりも

「ベストセレクションになっていること」をめざしていたのかもしれません。

当時の社長が素敵なタイトルをつけてくれ、広告に力を入れてくれたこともあって、本は10万部を超えるベストセラーになりました。その後、続編、続々編、さらには新編、新々編と、私の退社した後までシリーズとして刊行され続けたと聞いています。自分が面白いと思うものを作らないといけない、どうせやるなら最高のものにしないといけない、と痛感した出来事でした。

これぞというものを、執念深く伸ばしていく

何より大事なことは、これを世に送り出したい、という心からの気持ちです。まだ読者が知らない、新しい価値をこそ生み出そうとすること。驚きでもいい、励ましでもいい、癒しでもいい、感動でもいい。新しい何かがある、キラーコンテンツです。

実はサンマーク出版は、**本を出すことが初めての著者の大ヒットがたくさんある出版社**です。それは、新しい著者がキラーコンテンツを生み出せることが少なくないからです。

それまで書いたことがない人、本を出したことがない人。新しい著者にはもちろん、結果がどうなるかわからないリスクがあります。経営側にとっては怖さもある。でも、それ

を理解した上で、新しい著者のエネルギーに賭けていく。それが、読者を振り向かせることにつながると思うのです。

そして、そういう考え方で作るからこそ、「広く、長く読まれる」が大事なキーワードになります。都市部だけではなく、全国津々浦々で手に取ってもらえるものを作る。限られた世代だけではない人に読んでもらえるものにする。

例えば、私も繰り返し読み込んでいるピーター・ドラッカーの本は、原書が半世紀以上も前に書かれたものでも、内容はまったく古びていない。年配の経営者はもちろん、高校生や中学生までもが感動したり、役に立てたりする。それは、**人と社会に対する見方が本質的だから**です。もちろん、そこまでのコンテンツは、そうそう容易に作り出せませんが、少なくともそこをめざしたいものです。

キラーコンテンツをしっかり作り、しっかり広めることができれば、結果は出せる。まずは、エネルギーを込めて全力投球して作る。そして、いったん市場に出たら、今度は売ることに全力を傾ける。

本を売るには、その存在を広める努力をしなければなりません。しかし、プロモーションに力を入れれば結果が出るものではない。どんなに宣伝したところで、動かないものはテコでも動かない。これが現実です。

そうではなくて、幸い読者の支持を得るものが出てくる。それが、さまざまな兆しとなって現れてくる。これをとらえる。そして、支持を敏感に受け取ったら、それを大事に育てていくわけです。

本によって、ジリジリと少しずつ部数を伸ばしていくもの、テレビなどで話題になって短期的に一気に大きく部数が伸びるもの、さまざまです。**本を「生き物」ととらえて**、その成長度合いにふさわしい手を打つ必要があります。

そして勝負どころと見ると、リスクを取って仕掛けます。これぞというタイミングで、一気にプロモーションをしていくのです。新しい取り組みも進める。電車の乗降ドア横のスペースで「新B額面」と呼ばれている枠での書籍広告は、20年以上も前にわれわれが始めたものでした。

もちろん費用はそれなりにかかりますが、他の広告では訴求できない層があると考えたからです。実際、本の成長度合いとのタイミングが合うと、驚くほどのウェーブを巻き起こすことがある一方で、期待外れに終わることも少なくありません。「生き物」を扱うのは難しいのです。今ではこの電車の広告は、たくさんの同業者が参入してきて、過当競争気味ですが、悪いことではないと考えています。

収支トントンでも、みんなで潤えばいい

これは電車での広告を始めた理由でもありますが、広告にも驚きがないといけないと思ってきました。かつて『脳内革命』のときに打った広告は、とても驚かれました。

新聞のラジオ・テレビの番組欄（ラテ欄）の右上と左下に「表札」と呼ばれているスペースがあり、そこに『脳内革命』の広告を大きく打ち出したのです。今よりもはるかに新聞が読まれていた時代で、これが大反響をもたらしました。

ミリオンセラーを達成した直後でしたが、**その先どういう読者層に訴求すべきかを考えて出した結論は、本を読まない層に訴求すべきだ、**ということでした。本を読まない層は、テレビを見る人々だと考え、そのスペースに目をつけたのです。

もちろん注目度の高いスペースですから、広告費もべらぼうに高い。単行本の広告を出したのは、業界でも初めてだったと思います。「表札」の上下を、夕刊のない日曜日に取るというオファーを出したため、実現したのは3か月ほど後だったと記憶しています。

結果は、かつてなかったほどの大反響で、都内のある大型書店では2日ほどで数百冊の在庫が消え、「広告はもういいから、本をよこせ」と言われてしまいました。実際、これ

をきっかけに数十万部という大重版となりました。

広告の内容についても、いろいろなトライアルをしてきました。愛読者カードに本の感想を書いていただいた「読者の声」を電車の乗降ドア横の広告にそのまま掲載したのも、われわれらしい手法だと思います。

作り手側がどんなに「これはいいですよ」と語るよりも、はるかに説得力のある感想を読者から送っていただけることは少なくありません。事実は小説より奇なり、ではありませんが、本当に想像もしないような観点、角度から感想が寄せられる。そんな読者の声は、多くの人に響くのです。

そしてもうひとつ大事なことがあります。広告を出しても書店の店頭やオンライン書店に本がなければ意味がありません。また注文しても入手までに2週間かかる、というのでは苦情につながってしまいかねません。**一気通貫で読者にスピーディに本を届けること**が大切です。

われわれは、ときには自分たちの手で書店に直納したり、会社の在庫から宅配便で送ったりすることもあります。多少コストがかかったり、利益が落ちたりしても、いち早く届けて喜んでもらえることを優先したいからです。

2019年7月末から8月には、ＪＲ東日本のドア横フルジャックという、思い切った取り組みに挑みました。首都圏のＪＲのすべての「新Ｂ額面」と連結部ドア横の「Ｂ額面」、1車両20面が1週間、すべてわれわれの6冊の書籍広告で埋め尽くされたのです。

　これは出版業界初でした。もちろん大変な費用がかかりましたし、とても驚かれました。そして幸いにも、大きな広告効果が得られました。

ただ、こうした大がかりな取り組みは、広告代理店や媒体の制作会社、書店や取次会社はもちろん、用紙会社や印刷・製本会社まで、お世話になっているさまざまな取引先に間違いなく喜んでいただける。

　極端な話、仮に小社の収支がトントンだったとしても、それはそれでいい、と考えることもできるわけです。世の中の「もののめぐり」をよくすることに貢献できた――自己満足と言われようが、そんな見方も成立するかもしれません。

　こうしたプロモーションに際しても重要なのは、**限界意識を取り払うこと**だと考えています。単純なコスト計算がすべてに優先するという先入観を捨てることです。やろうと思えば、これまでなかったようなことができる。いろんな挑戦ができるはずです。

柳の下に金魚を放て

どこかの二番煎じはやらない

「サンマーク出版かるた」の中でも、大事にしているもののひとつが、**「柳の下に金魚を放て」**です。

それこそ出版業界では、柳の下にドジョウが6匹も7匹も潜んでいるといわれています。だから、ベストセラーが出ると、次々に似たような企画の本が出てくる。あるいは同じ著者の本が続々と出てくる。

われわれは、それをやりません。大事なことは、新しい価値を生み出すことだと考えているからです。仮に二番煎じで儲(もう)かったとしても、コンテンツの作り手として単純に、そんなことをやっていて本当に面白いのか、と思うからです。

放つべきなのは、ドジョウではなく、金魚なのです。それも色鮮やかで、見たこともない模様で人々を誘う金魚。これまでになかったもの。人々をハッとさせるもの。こういうものがほしかった、と喜んでもらえるもの……。その意味で、真似するのではなく、真似されるようなことをこそめざすべきだと言ってきました。

今ではもう私は企画会議に参加していませんが、かつては「**驚きがあるかないか**」、を大事にしていました。「**半歩先を照らす**」「**早すぎもせず、遅すぎもせず**」というのも、キーワードでした。

だから、ちょっとやそっとの企画では持っていけない、という空気が社員の中にはあったようです。ましてや、どこかのヒット作の二番煎じなんて、とんでもない、と。今でもそれは変わっていないと思います。

もとより、ゼロからものを作る人間には、大きな構想で企画に向き合ってほしい。そして自ら楽しみながら作ってほしい。作り手が楽しんで作っているかどうか、読み手にもわかるはずです。

また、**著者を簡単に消費しない**、というのもこだわってきたことです。一冊でもヒット作が出ると、その著者には執筆の注文が殺到するのが出版業界です。著者に悪気がなかったとしても、気がつくと似たようなものばかりを出版するようなことにもなってしまう。

そうすると、著者自身も消費され、飽きられ、最後は市場から捨てられてしまいかねない。実際、そういうことが何度も起きているのです。

仮にヒット作が出ても、それを大きく育てることに力を注いで、続刊が出るまでの期間はなるべく長く取りたい。それが著者の消費を防ぐ手段にもなると考えています。

時流や旬を見極めて手を打つのが経営ですが、本当にいいものとは、「読者が待ってくれるもの」ともいえる。あまり戦略的になりすぎないのも大事だと考えています。

ちなみにアメリカでは、作家がエージェントによって支えられているせいか、通常、作家はヒット作を出した後も特定の版元から継続して作品を出すことが多いようです。そのために粗製濫造（そせいらんぞう）に陥らないで済む側面もあるとか。

もちろん英語圏という桁違いの読者基盤が背景にあるので、単純な比較はできませんが、日本の出版業界も見習うことは多々あるはずです。

ち

長所を伸ばせば欠点は隠れる

強みだけが、圧倒的な成果を生む

柳の下のドジョウを狙わないというのは、そんなものでいくら結果を出しても、本当の意味での力にはなっていかないからです。自分の力、言い換えれば自分の個性や長所こそ、発揮してほしい。

大事なことは、**自分の強みをどこまで伸ばせるか**、なのです。これは私自身、社会に出て、改めて痛感したことでした。

私は国立大学の出身で、大学受験では5教科をまんべんなくやらなければいけませんでした。一方で、私立大学は2教科、3教科だったりする。

そして社会に出て出版の世界で仕事をしてみて感じたのは、もちろん人数の多寡もあるのかもしれませんが、私立大学の出身者のほうが一芸に秀でていて魅力的だったり、圧倒的な成果を上げたりしている人が多い、ということでした。

いろいろなことがバランスよくできるのも大変なことですが、案外大きな魅力にはつながらない。それよりも、**何かひとつでも突出した能力を持っていたほうが成果につながるし、他人にない魅力を生む。**

もしかしたら自然界でも、これと同じことが起きているかもしれません。

その代表例が、昆虫の擬態ではないかと考えています。ランの花そっくりに擬態したハナカマキリは、人間の目にも、花としか見えない。その精巧な姿態で虫をおびき寄せ、捕食します。「ランに限りなく似ている」という見た目の強みのみで、まさに食っていけているのです。

最近知った例ですが、コシアカスカシバという蛾は、スズメバチに驚くほど似ている。ハチに擬態することによって、鳥に食べられるのを防いでいるとか。これも「スズメバチに限りなく似ている」という強みだけで生き延びているといえるかもしれません。

話を人間に戻すと、勉強でいえば不得意な科目があるからと、それをなんとか平均点にまで上げたところで、強みにはならないし、そんなに魅力が増すわけでもない。自然界がそれを教えてくれているような気がします。

平均点的な発想で、そこそこ売れる本を作って稼げたところで、それは本質的なことかどうか。もちろん稼げることは大事です。でも、それぞれの強みが最大化できるところで勝負したら、その100倍、500倍の結果が出せるかもしれない。

これこそがソフト産業の特性であり、魅力のひとつでもあるのです。もちろん、簡単なことではありません。突き抜けた強みを使うと、外すときも大きく外すことになる。これはあたりまえのことです。だから、売れなかったからといって、「どうして結果を出せなかったんだ⁉」と問い詰めるようなことは、私は基本的にしません。

なぜなら、**私自身、売れない本をたくさん作ってきた**からです。売れる本ばかりを作っているように見えるのは、売れる本が目立つから。売れない本は目立たない。それだけの話です。そして、うまくいかなかったことを掘り下げても、あまり意味はない。そこには本質はないのです。

ヘンタイこそ創造の泉

生物多様性にあふれた会社でありたい

人をつぶすのはとても簡単です。顔を合わせるたびに、その人の欠点を指摘する。それを繰り返し続けると、人というのはすぐにダメになる。

リーダーがすべきことは、これと逆のことです。

「歯をくいしばってでも、ほめなさい」

——これは経営者の研究で優れた業績を残された慶應義塾大学名誉教授の故・清水龍瑩（りゅうえい）さんの言葉です。短所を矯正するのではなく、長所を伸ばす。弱みに目を向けるのではなく、強みで勝負したほうがいい。これは組織も同じです。ドラッカーはこう言っています。

「それぞれの強みを十分に活かし、弱みは上手に組織としてカバーするのが最重要だ」

間違っても、弱みに着目してはいけません。どれくらい構成員の強みを最大化して、弱みについては組織としてフォローできるか、が大事。弱みをなんとか中くらいのところに持っていったところで、驚きは生まれないし、魅力も生まないのです。

だから、意識してきたのは、**生物多様性にあふれた会社でありたい**、ということでした。突き抜けた人を集める。平均点を取れる人よりも、強みをしっかり持っている人を育てる。

ただ、面白いのは、自分の強みは自分で見えないこともあるのです。また、本人が得意だと思っていても、他人からは評価されないこともあります。実は自分では強みだと認識していないところに本人の本当の得意は潜んでいて、他人から評価されることをこそ、やったほうがいい面もある。

強みをつぶしてしまわないためには、本人も周囲も素直でないといけません。そして、周囲はその強みに気づき、深掘りしていく。会社や上司は、絶えずそうした意識を持ち続ける必要があります。

そうすると、どうなるのかというと、どんどんいい意味での「ヘンタイ」になっていくのです。自分の強みを意識して、そこにとことんこだわっていく。これまたいい意味で、偏執狂的、パラノイア的になっていく。

実際、サンマーク出版の編集者には、どこかそういうところを持った人が多いのです。そして、パラノイアのあり方は、すべて違っています。とことんこだわり抜いて作って、それで失敗することもあるけれど、成功するときは突き抜ける。言葉をかえれば、自分なりの編集哲学をしっかり持っているということです。

見えないところにこだわるヘンタイの力

ドラッカーの『プロフェッショナルの原点』（ダイヤモンド社）に、以下のようなくだりがあります。

「紀元前四四〇年頃、ギリシャの彫刻家フェイディアスはアテネのパンテオンの庇（ひさし）に建つ彫像群を完成させた。それらは今日でも西洋最高の彫刻とされている。だが彫像の完成後、フェイディアスの請求に対しアテネの会計官は支払いを拒んだ。彫像の背中は見えない。誰にも見えない部分まで彫って、請求してくるとは何ごとか。それに対して、フェイディアスは答えた。そんなことはない。神々が見ている」

私はこの言葉がとても好きです。ものづくりに携わる人間にとって不可欠なスピリットだと考えています。神は細部に宿り給う。まさにその通りです。見えないところも、見えるのです。突出した成果を出している人たちは、必ずこういうことをやっています。

こだわりは見えていないようで見えている。逆に、手抜きはすぐにバレます。読者にもすぐにわかる。だから、ヘンタイであることは、極めて重要なのです。

例えば、写真に徹底的にこだわる実用書のヘンタイ編集者がいます。初校、再校とさんざん赤字を入れたあげくに、校了段階になって「どうしても満足できない」と写真の差し替えをしてしまう。

あまりに赤字入れがすごいので、修正代でお金がかかってしようがないのですが、やっぱり最後は素晴らしいものが上がってくる。そして書店員で彼のファンの方も多く、読者からも高く評価されます。これぞ、ヘンタイのなせる業だと思います。

また、スピリチュアルの世界に精通していて、一部で「女王様」と呼ばれるヘンタイ編集者もいる。

他にも、文章にこだわり抜くヘンタイもいれば、目次に異様なほどにこだわるヘンタイ、「こういうテーマの本しかやらない」というヘンタイもいますし、とんでもなく突き抜けた趣味を持っているヘンタイもいる。いろいろなヘンタイが思い思いに生きていく姿をイメージして会社経営にあたっているわけです。

そして、こういう**ヘンタイ編集者と、ヘンタイ著者との組み合わせが、最強のコンテンツを生む**のです。比類なきコンテンツを持っている著者も、大変恐縮ながら、やはりヘンタイなのです。どうしてこんなところにこだわるのか、と驚くことのない著者のほうが珍しいほどです。

そういえば、『人生がときめく片づけの魔法』のこんまりさんも、初めて挨拶をしたときに、「私は片づけのヘンタイです」と自ら言われていたのを覚えています。やはり圧倒的なヘンタイこそ、創造の源泉なのです。

無理のない成功はない

焼鳥屋から生まれたベストセラー『母原病』

教育研究社（サンマーク出版の前身）に転職した翌年に手がけた『母原病』（久徳重盛著）という本があります。刊行直後からテレビをはじめメディアでの紹介が相次ぎ、50万部を超える大ヒットとなりました。

小児科医である久徳先生とは前職でご縁があり、育児格言集の企画をお願いしたわけです。喫茶店で打ち合わせをして了解をもらったのですが、終わったのが、ちょうど夕刻。そこで「一杯いかがですか？」とお誘いして、東京・新橋駅近くの焼鳥屋に入りました。

お酒を飲みながらよもやま話をする中で、先生がこんな話を始められたのです。

「植木さん、最近ね、母親の極端な過保護や放任によって、子どもにぜんそくや腹痛、足が痛くて歩けないといった症状が出ることがあるんですよ」

私は先生に、それには何か名前をつけていますか、と聞きました。そうすると、母親が原因で起こる病気だから、「母原病」と呼んでいるとのこと。

驚きました。そんなことが起きていたなんて、まったく知らなかったからです。そして「母原病」という言葉に惹かれました。とても強いメッセージが込められているのです。そこで、格言集よりも、よほど「母原病」のほうが読者に必要なのではないか、と考えて、こちらをテーマにしてもらうことにしました。

今では心が体に大きな作用を及ぼすということは、半ば常識となっています。ところが40年前はそうではなかった。

ただ、九州大学教授で日本で初めて心療内科を設けられた池見酉次郎先生という方がいて、久徳先生は、その一番弟子だったと聞いています。とりわけ久徳先生の専門の「ぜんそく」は心因性のものが多かったため、こうした観点に結びついたと思われます。

それはさておき、もし焼鳥屋に入らなかったら、このハーフ・ミリオンが生まれることはなかった。後に社内では、「焼鳥屋から生まれたベストセラー」とよく言われました。

おかげでそれ以降は、一杯飲み屋で著者とよく話をするようになりました。その習性ができたのは、私が単にお酒好きだという理由からだけではありません。

天国の父が助け舟を出してくれた⁉

この本は、企画はスンナリ決まったものの、最終原稿にたどりつくまでに、10冊分に相当するほどの労力をかけた、苦い思い出があります。

ここではその経緯について詳しく書くことは控えますが、久徳先生にはご自身で400字詰にして300枚の原稿を3度、書き直していただきました。なんと合計900枚です。編集者としての私のハンドリングが未熟だったせいもありますが、医師だけに、何度書き直してもらっても、症状の記述がカルテの羅列のようになってしまうのです。

個々の家庭における親子関係や夫婦関係、あるいはきょうだい同士の関係など、状況がストーリーとして浮かび上がってきて、問題点が読者にきちんと伝わらなければならない。そこで、私とライターで名古屋にある先生のクリニックに出向いて取材し、その内容を取り込んで本の原稿を新たに作ったのです。

これで着地できると思ったのですが、今度は先生から猛烈な赤字が入りました。せっかく事例としてまとめたストーリーも、途中で分断されるありさま。さすがに険悪な雰囲気になり、最悪の事態も覚悟したほどです。

ところがそんなおり、ひょんなことから久徳先生が旧制愛知一中（現・愛知県立旭丘高等学校）のご出身だということを聞きました。実は同校で私の父が修身の教鞭をとっていたことがあり、なんと先生は父の教え子だったことがわかったのです。不思議なご縁です。**「植木先生のご子息でいらっしゃるのですね？」**ということになり、ぎくしゃくしていた関係に一条の光が差したのを感じました。

父は私が高校2年生のときに病死していて、このことを本人に伝えることはかないませんでしたが、天国から父が助け舟を出してくれたかと思いました。ありがたいことにそれ以降は、心なしかこちらからの提案に先生も耳を傾けてくれることが増え、仕事が少し進めやすくなった記憶があります。

それでも原稿を確定するまでは時間をかけ、やりとりを重ねましたし、初校、再校とゲラが出るたびに赤字入れをめぐって紛糾しました。

最終的に先生に了解をいただき、校了にこぎつけたときには、その場に倒れ込みたくなるほどの疲れに襲われたのを覚えています。

ただ、**それだけ無理をし、著者と激しく戦った「肉弾戦」の結果として、そしてご縁にも助けられたおかげで、あのヒットが生まれた**のは確かです。

27万部重版を10日で全国の店頭に

「無理のない成功はない」は本づくりだけではありません。相手が著者でも取引先でも、勝負どころでどうしても必要なスピリットです。ここぞというときに、思い切った踏み込みと、とことんやり抜く力が大事になるのです。

例えば、2017年5月に刊行され、同年の年末にミリオンセラーになった『モデルが秘密にしたがる 体幹リセットダイエット』（佐久間健一著）があります。担当編集者は当時入社3年目、26歳だった蓮見美帆です。実用書チームを率いる編集長の小元慎吾のもと、大ヒットを作ってくれました。

実は彼女にとっては、これが初めての実用書企画でした。どうやって企画すればいいか、著者をどうやって探せばいいのかもわからず、ダイエットというテーマだけ決めて、人気ブログを検索していったのだそうです。

そこで見つけたのが、「モデル体幹」というキーワードをうたっていた著者の佐久間さんでした。最初の頃は半信半疑で、編集長にも同席してもらって著者と打ち合わせをしたといいます。

佐久間さんは、これまでミス・インターナショナルやミス・ワールドの代表者などを数多く指導していたので、信頼できる内容になると見込んで企画を進めたようです。ここから、本の骨子を定める、エクササイズを絞り込む、リアリティのある体験談を載せる、さらには斬新な装幀（そうてい）から帯の文言まで、工夫を凝らして製作していきました。

初版は８０００部でしたが、著者の広報への尽力もあってみるみる数字が伸びていき、ひと月あまりで20万部を突破しました。この本についても、発売直後に担当編集者・蓮見から聞いた、忘れられないエピソードがあります。

本の見本ができあがると、著者とご縁の深い方やメディア関係者に、通常は郵送で献本します。このときも１５０冊分ほどの宛先リストを著者から受け取っていたとのこと。ところが直前になって佐久間さんより連絡が入り、郵送ではなくご本人がすべての本を手渡しで届けるというのです。

もっと驚いたのは、それを1週間以内にやり終えるために、**その1週間は合計睡眠時間がわずか10時間あまりだったとか。平均して1日2時間も寝ていない。**耳を疑うとは、このことです。しかも手渡す際に、それぞれにふさわしいポイントに付箋を貼り、個別のメッセージを添えたそうです。

もはや「無理のない成功はない」どころではありません。さらに聞くと、普段からあまり寝ないでも大丈夫な体質とかで、蓮見が深夜だろうが早朝だろうが何時にメールを打っても、ほぼ即座に返信が来るという。

もともと徒手空拳でスポーツ・ジムのインストラクターを皮切りに若くして世界からも注目される存在になった人です。**常人とはエネルギーの質量がまったく違っている**のです。

「この本は間違いなく大ヒットする」

と確信した瞬間でした。立て続けに思い切った部数での重版を決め、広告を発注した背景には、このようなエピソードがあったわけです。

信じがたいほどの著者のエネルギーが、まるで本にも転写されたかのように、軽やかに階段をかけ上がるようにして部数が伸びました。

メディアでの紹介も節目節目で寄与し、最後に決め手になったのが、12月中旬のTBSの「金スマ」放映でした。放送中に、夜間ということもあって全国の書店から営業スタッフの携帯電話に次々と注文が入り始め、土日から週明けにかけて携帯を手放せなかったとか。

放映当日には63万部でしたが、翌土曜日に27万部の重版を決定したのです。さらに翌週には10万部を上乗せ、年末にも10万部を重版して、110万部を突破しました。2週間ほどで約50万部の重版を決めたことになります。考えてみれば、とんでもない無理をした、ということかもしれません。しかし、予想通り見事に売れていきました。

背景には、全国の書店や取次会社から殺到する注文や問い合わせに、社員が部署の垣根を越えて、精力的かつ献身的に取り組んでくれたことがあります。売れるべきときに店頭に在庫がなければ、意味がありません。

このときも、12月16日に決めた27万部もの重版分を、年内にはほぼすべての書店に届けることができました。人手不足が常態化している今の物流事情のもとでは、神がかり的ともいっていい、素晴らしい対応でした。

その間、佐久間さん顔負け（?）で、ほとんど睡眠も取らずにやり切ってくれた営業部長・西川毅を筆頭に、昼夜を分かたぬ書店からの注文、要望に応えてくれた社員一人ひとりが、いかに無理をしたか。しかし、彼らが見事な仕事をしてくれたのです。

ある女性スタッフが当時を振り返って、「社員一丸って、ああいうことをいうんだ」とつぶやいたのが印象的でした。

ヒット作というと、編集者にスポットが当たりがちになる業界ですが、営業部をはじめ他部署の底力があってこそ、成し遂げられる。**大成功は、やはり全員の無理があってこそ、**なのです。私としては、その無理を、感謝しつつ見守りたいと思っています。

運がよくなる生き方をしているか

謙虚な人、腰の低い人は恐ろしい存在

ミリオンセラーに運や偶然はあるのか、とよく聞かれます。なかなか深い問題だけに即答できませんが、もし刊行のタイミングが半年ずれていたらどうだったか、という本もある。それは本の運かもしれません。

売れるものは、**いろいろな要素が組み合わさってエネルギーを生んでいる**と思うのです。そこには担当編集者の強烈な思いやこだわりもあるし、著者の持つメッセージや広く社会に届けたいという意志もあるし、心からこれを世に送り出したいという営業、販売の努力もある。

そういうものがすべて組み合わさることで匂いとなって、読者には伝わる。「これでお役に立ちたい」「少しでも前向きになってほしい」「辛(つら)い気持ちを癒してほしい」という無言の呼びかけが発せられる。だから、読者に支持されるのです。

その意味で、編集者や著者、出版社の考え方や行動は、この「無言の呼びかけ」に大きな影響を与えると考えています。端的にいえば、**運がよくなるような生き方をしているのか、**ということです。それこそが、運を招くのではないか。

もちろん運をよくすることだけに私も100%の力を注いでいるわけではありませんが、生きていく上で運の観点は、とても大事だと思います。松下幸之助さんも、運については繰り返し言及されています。目に見えないものに対する畏敬の念は、現象としてやがて表に出てくる、というのは間違いないような気がします。

それこそ、本は生き物ですから、まず大事にしないといけないのは、本そのものです。2019年に外部委託に切り替えましたが、小社では長年のあいだ流通センターを自前で運営していました。返品として戻ってきた本も丁寧に研磨するなど、本を大切にする意識を、流通センターで働くスタッフは強く持っていました。**「本が出ていく出発地点なので、とても大事な仕事を担っている」**という気持ちが大切なのです。

おかげで、綺麗(きれい)な状態で本が届く、さらには正確に間違いなく入荷される、という定評をいただいていました。

本を倉庫で丁寧に扱っているかどうか、などということは、もしかすると読者からはわからないことかもしれません。目には見えないことです。しかし、目には見えないことだからこそ大事だと私は考えています。それが、運を左右することにもつながる。

大きな成功をしている人たちは、もちろん**運がいいわけですが、そういう人たちに限って、ものすごく謙虚で、威張ったりしない**のです。私は東京ロータリークラブに入会させてもらっていますが、トップクラスの仕事をしてきた人ほど、腰が低く、気遣いもできる印象があります。

私自身、かつては威張っているような人は怖かった。誰でも、威張っている人は怖いものです。でも、今の私は違います。謙虚な人、腰が低い人ほど恐ろしい。そして、だからこそ大きな成功をしているのだと思います。

うまくいくかどうかは、日々の行動、生き方が大きく関わっているのです。

船井幸雄先生から教わったこと

謙虚で威張らない人、ということですぐに頭に浮かぶのは、船井幸雄先生です。

先生は「**運やツキはとても大事だし、それはコツをつかむと誰にでも引き寄せられる**」という考えもお持ちでした。ここで船井先生とのご縁で成し遂げることのできた仕事について、少し長くなるかもしれませんが、お伝えしてみようと思います。

先生は、1980年代にはすでにいくつもの版元から、多くの著書を出されていました。ただ、どれも魅力的だけれども、先生の素晴らしいエッセンスが、いまだに一冊に凝縮されていないのではないか、という印象を私は持ったのです。

「もっと読者の『読みたいポイント』に焦点を合わせた本づくりができるはずだ」と。

そこで、船井先生の決定版となるような本、先生の本質を凝縮しつつ、人々の生き方のヒントにつながるようなものを企画してはどうか、と提案するために会いに行きました。1989年頃だったでしょうか。

当時、船井先生は小社をご存知ではなく、こちらの熱意にほだされて、「付き合ってみるか」という感じでした。ただ、船井総合研究所を創業して経営コンサルタント業としては初めて東証一部上場を果たし、著書も多数の著名人にもかかわらず、実に腰が低くフランクに接していただいたことを鮮明に覚えています。

本の方向性が決まるまで、何度か行きつ戻りつを繰り返したせいもあって、最初の企画が形になるのに2年以上かかりました。先生の原稿に取材で得た内容を加えてまとめようということで、後に『男の品格』（ＰＨＰ研究所）などでベストセラー作家となる川北義則さんに協力してもらって進めました。

　余談ながら川北さんとはパーティーで知り合ったのですが、なんとなくウマが合って、その後も多くの仕事でお世話になり、ヒット作に恵まれました。

　１９９２年に小社で初めての船井先生の本『これから10年　生き方の発見』が刊行され、講演会での船井総合研究所のお力添えもあって、期待を上回る売れ行きとなり、17万部に達しました。

　本が売れたことはもちろんありがたかったのですが、この仕事を通して船井先生から人生や経営についての原理原則を教わったことのほうが、今から思えばはるかに貴重だったと確信しています。

　先生が口癖のようにおっしゃっていた**「素直」「プラス発想」「勉強好き」**という、成長のための三原則や、**「ツキのある商品を伸ばし、ツキのある人と付き合いなさい」**など、今でも瞬時に言葉が浮かんでくるほど、無意識のうちに影響を受けていたのです。

　後ほど触れますが、トップクラスの経営者から仕事を通して直接薫陶を受けられるというのは、単行本編集者という仕事が、いかにありえないほどの恩恵を与えられるものかと痛切に感じます。私自身の運を育んでもらった思いです。

「船井人脈」から次々とヒットが生まれた

『生き方の発見』のヒットに気をよくしてくださったのか、第2弾は先生のほうから提案がありました。「植木さん、次は『本物の発見』でいこうか」と。

そして、「世の中のことはすべて必然必要」「本物をどう見分けるか」「本物人間、本物商品と付き合おう」などについて執筆していただきました。

船井先生ご推薦の本物人間を何人も紹介してくださり、川北さんと2人で対面取材に各地を訪問しました。その中でも、EM技術で知られている琉球大学教授（現・名誉教授）の比嘉照夫先生は、話を伺ってみて「仕事も人物も、まさに本物だ」と感じ、即座に比嘉先生の単著も出そうと決断しました。

EMとはEffective Micro-organisms（有用微生物群）の頭文字で、比嘉先生が発見・開発された、人間をはじめとする生命体に有用に働く微生物群の複合培養液のことです。ここでは詳細について言及しませんが、農業に活用すると高品質な作物が量産されるほか、環境や医療にも際立った効力を示し、世界でも知る人ぞ知る研究・実績でした。

そして船井先生の第2弾『これから10年　本物の発見』を刊行した数か月後に、比嘉先生の『地球を救う大変革』を刊行しました。『本物の発見』は期待通りのヒットとなり、その最終章で比嘉先生の仕事と人物を紹介したため、そちらへの期待も高まったようです。

比嘉先生は一般の読者には知られていなかったので、船井先生がひと肌脱いでくださり、発売直後に日経新聞紙上で2人の全面対談広告を実現させることができました。そのおかげもあって、環境や農業・医療をテーマにした書籍にしては珍しく25万部を超えるベストセラーとなりました。

船井先生の人脈は企業経営者や大学教授・研究者から医師、作家、霊媒師に至るまで実に多彩で、どなたとも分け隔てなく対等に接しておられました。そして、取材候補として話題に上った方がいると、その場で即座に電話してわれわれとつないでくださるのです。

運のいい人の行動原理を、お手本として見せてもらったような気がします。

そんな船井先生が、「素晴らしい仕事をしている、熱心な医師がいますよ」ということでご紹介してくださったのが、後に『脳内革命』の著者となる春山茂雄先生でした。東京大学卒業でクリニックの院長を務めており、朝早くから夜遅くまで、患者のために献身的に働く医師でした。

春山先生は、心を平静に保ちプラス思考になれば、脳内モルヒネの働きによって健康になることを、欧米の最新知見と多くの症例から明らかにされていました。

いわば船井流の経営観・人間観を、医学・医療の面から裏付けるような存在として、船井先生が注目しておられたようです。25年経過した今となっては、この医学的な知見は半ば常識となっていますが、当時としては非常に興味深く斬新な考え方でした。

そして、船井先生の第3弾『これから10年　愉(たの)しみの発見』で、人生を愉しむ生き方について書いていただき、その中の1章で春山先生のお仕事について詳しく紹介してもらうことにしました。

しかも3か月後に刊行される春山先生初の著書『脳内革命』の事前予告をするという、おそらく出版業界でも珍しい「書籍での新刊告知」が実現する運びとなったのです。

船井先生の「これから10年」シリーズは、それぞれどの作品も10万人前後の読者を獲得できていたので、**無名の著者の最初の作品を、事前に多くの読者が待ち望む環境を作れる**と期待したのです。『本物の発見』での成功事例を、さらに大きな規模で再現しようという作戦でした。

この狙いがうまく的中したおかげで、『脳内革命』は発売以降、順調な滑り出しを見せ、次第に読者の共感を呼んで成長軌道に乗っていけたのです。

ところで、「運」ということに立ち返ると、まさに船井先生いわくの「ツキのある人と付き合いなさい」という原理に従って、私自身、運の流れに乗せていただいたような気がします。船井先生との出会いは、どんなに感謝してもしきれない、深いご縁だったと感じています。

か

「過去はオール善」と心得て前を向く

大学受験で二浪したおかげで今がある

「過去はオール善」とは、船井幸雄先生の言葉です。これはものすごくいい言葉だと思って、「サンマーク出版かるた」に取り入れさせていただいた次第です。過去を自分で認めること。起きたことをポジティブにとらえること。実際、それは結果的にプラスになることが多いのです。そのことを、たくさんの人にわかってほしい。

以前、何年か続けて、ある名門女子大学の就職課が主催するマスコミセミナーで講演をしたことがあります。ここで最も響くのも、この「過去はオール善」という話です。

私は京都大学文学部を卒業していますが、実は二浪しています。しかも、最初の年に受けた学部は、理学部でした。数学を専攻しようと思っていたのです。ところが不合格。それで浪人しているとき、出会ったのが哲学でした。

ニーチェ、サルトル、ショーペンハウエル……。予備校通いの憂さばらしのつもりで読み始めたはずが、どっぷりはまり込んでしまったのです。そして大学でも哲学を学びたいと考え、理系から文系への志望変更。しかし、社会系の受験科目が増えたこともあって、間に合わずにまた不合格。それで二浪してしまったのです。

父親が同じ大学の哲学科を卒業していて、長男、次男とも現役で合格。「京大現役合格が当然」という無言の圧力の中、二浪した三男坊としては、身の置きどころのない日々でした。

しかし、理学部ではなく文学部に入ったからこそ、この出版の世界との縁をいただいたのです。災いを転じて福と為す、ではありませんが、**失敗だと思っていたことが、結果的には私にプラスになった**わけです。

しかも二浪して苦しんだことも糧になった。将来を見通せず、崖っぷちに追いやられ、本当に辛い状況というのが、どういうものか、心に沁みてわかったのです。だから、同じような状況にいる人の気持ちも少しはわかるようになったのだと思っています。

マスコミセミナーでこの話をすると、終わった後に一人の女子大生がやってきて、私の目の前でワンワン泣き出しました。聞けば、実は別に第一志望の国立大学があったのだといいます。1年目も当大学には受かって、第一志望に落ちた。どうしてもそこに入りたくて一浪したのに、まったく同じ結果になり、ここに来たのだ、と。

有名大学ですから、他人からは順風満帆に見える。それでも、本人にとっては、この入学は大きな失敗であり、辛い体験としてずっと心の中に残っていた。そして、それまで誰にも言えなかった。

私の話を聞いて、親にも友達にも言えなかった本当のことが初めて言えた、と最後に彼女は笑顔を見せてくれました。きっと、このことをきっかけに、彼女は新しいスタートを切ってくれると思いました。「過去はオール善」なのです。きっとこの大学に入った意味があったんだよ、きっといいことが起こるよ、と私も言いました。

女子大生を目の前で泣かせている光景は、遠目からはなんとも危ないものに見えるんだろうなぁ、などと心配しながらでしたが。

たった2人で編集部を立ち上げた苦労があったから

私が大学を卒業して最初に入ったのは、東京・市ヶ谷にあった潮文社という小さな出版社です。俳人・種田山頭火の著作集や新書シリーズを出していて、編集者の裁量で企画を形にできるところは魅力でした。ただ、社長がかなりエキセントリックな人で、短期で辞めていく編集者が少なくなかった。私は2年いましたが、当時、最長不倒距離などと言われたくらいです。

短い期間ではあったものの、社長の直伝で（というのも編集長がすぐに辞めてしまうので）目次の立て方から広告原稿の作り方まで教わったのは、今となってはありがたかったと感じています。

そこを前後の見境もなく飛び出した後、募集を見つけたのが東京・高田馬場にあった教育研究社でした。サンマーク出版の前身となる会社です。当時は家庭教育関係のセット商品を訪問販売で営業している会社でしたが、これとは別に書店ルートの部門を新設し、一般書を作る計画が進んでいたのです。

入社したのは、今は文芸評論家として活動している清原康正さんと私の2人。まったくゼロから2人で編集部を立ち上げるのは、本当に大変でした。著者候補に電話をしても、「どこの会社?」の連続。知名度ゼロですから、相手は知らないのも当然です。

ただ、こういう状態だっただけに、電話1本かけるのにも、手紙1通書くのにも、それなりの工夫をすることが求められた。今になって思うと、このことが自分を大いに鍛えてくれたのだと考えています。

今は、サンマーク出版で本を出したいと言ってくださる著者の方も少なくありません。そうすると、編集者がさほど苦労しなくても、すぐに会ってもらえるし、企画もすぐに受け入れてもらえて、一冊できあがってしまう。

そのような環境だと、編集者の自己鍛錬なり成長なりということには、ひょっとしたらマイナスになっている可能性もあるわけです。これは、よく考えないといけない。名の知られた会社に入ったことよりも、そうでないほうが「オール善」だった可能性もあるわけです。

こうした気づきの中で、私自身は「いいことと悪いこと」について、深く考えるようになりました。**一見、いいと思えることは、本当にいいことなのか。あるいは一見、悪いように思えることは、本当に悪いことなのか。**

もしかすると、いいことは悪いことなのかもしれないのです。また、悪いことは実はいいことなのかもしれない。それをよく考えてみる必要があると思うのです。

「頭の賢さ」よりも「心の賢さ」を大事にする

仕事をしていると、幸運に思えることもあり、そうでないこともあります。例えば本づくりでも、話題作、期待作を担当する。これは、編集者としては、やはりうれしいものなのかもしれません。

しかし、期待作というのは、期待作というだけで、すでにハンデを背負っているのです。社内はもちろん、読者からの期待も大きい。もしかすると、普通の本よりもヒットのハードルは高いといえるかもしれません。

仕事以外でも、幸運、不運で人生に思い悩む人は多い。若くして苦しい状況に追い込まれる人もいる。なかなかうまくいかない。幸運に巡り合えない。思うようにいかない。結果を出せない……。でも、私はぜひ見方を変えてみてほしいと思っています。

そもそも一生、何事もなく順風満帆、などという人はいないのです。その意味で、人生の早い時期に挫折したり辛い目に遭ったり、人知れずコンプレックスを持つことには大きな意味があると考えています。なぜなら、そういう体験を経なければ、人の心の痛みがわかるようにならないから。

受験も試験もうまくいく「頭の賢い」人もいいでしょう。でも私は、「心の賢い」人に惹かれます。心の賢い人とは、相手や周囲がどういうことをしたがっているか、期待しているかを想像できる人です。相手や周囲の気持ちを慮(おもんぱか)って、いろいろなことを考えている人です。

では、どういう人が心の賢い人になれるのかというと、苦しみをちゃんとわかっている人だと思うのです。挫折や辛い経験をふまえて、心の痛みというものについて知っている人です。そして、**心の賢い人は、もしかすると頭の賢い人よりいい仕事をする**のではないか、と私は感じています。

例えば取材をすると、対象者がAさんにはしゃべるけれど、Bさんにはしゃべらない、ということがよくあります。何がこの差を分けるのか。取材というのは、聞き手の人間力がもろに出てしまうのです。心の賢さがあるかどうかで、取材で引き出せる内容の質と量が、大きく変わってくるのです。

心の賢さは、辛い体験が培ってくれることが多い。われわれは採用に際しても、挫折経験をどう活かしてきたかを問いかけるようにしています。コンプレックスを持っている人にこそ、興味を持ちます。エリートがよくないとはいいませんが、順風満帆で来た人でない人に、強く惹かれます。

「過去はオール善」。大事なことは、そう心得て、前を向くことなのです。

思い出深い３冊の初著作

ここで、教育研究社時代に手がけた３冊の初著作について触れておきます。

まずは、『噂（うわさ）の真相』の創刊編集長・岡留安則さんの初の著作、『雑誌を斬る』。雑誌の創刊と初出版の刊行を合わせて祝うお披露目パーティーを、東京厚生年金会館で開いたのも懐かしい思い出です。

この本は、小社の刊行ラインナップからは、異質だという印象を持たれるかもしれません。ただ、権力と体を張って戦いながら、硬軟ないまぜの人脈の中で「やりたいことを、やりたいように貫く」姿勢には、一種のカタルシスを感じていました。

岡留さんは惜しくも２０１９年に鬼籍に入られましたが、サングラスの奥のシャイなまなざしは、私の中では生き続けています。

原稿のやりとりはいつも新宿ゴールデン街の隠れ家風のバー「こう路」で、脱稿するまで何度店に足を運んだかわかりません。岡留さんにはだいぶ肝臓を鍛えてもらったような気がしています。

次に、「べ平連」の活動家で、今は日本ペンクラブ会長を務めておられる吉岡忍さんの初めての著作、『[ルポルタージュ]教師の休日』。月刊誌『教育の森』で教育関連の優れたルポルタージュを連載しておられたのに着目し、原稿依頼しました。

取材対象者の心のひだに入り込むようなきめ細かな取材と、社会の問題点をしなやかな文章であぶり出す感性は比類なく、いずれ大きな仕事をされるのだろうという予感を抱いていました。

その後、『墜落の夏』(新潮社)で講談社ノンフィクション賞を受賞されたり、報道番組でレポーターとして活躍したりする姿を見るにつけ、初心を貫かれている姿に声援を送ったものです。

そして、上記2冊からは5年以上隔てた後の刊行になりますが、週刊誌『女性自身』を100万部雑誌に育て上げた名編集長・櫻井秀勲さんの著作です。

祥伝社を去って月刊誌『ラ・セーヌ』を創刊された際に、縁あって櫻井さん初の著作である『女がわからないでメシが食えるか』を手がけることとなったのです。

このときも、雑誌の創刊と初出版のお祝いを兼ねて、日本工業倶楽部で記念パーティーを開催しました。

通称『女メシ』は幸いにして大きな反響を呼んで増刷を重ね、シリーズ累計で40万部に届くベストセラーとなりました。櫻井さんから編集の要諦や編集者としての心得を、食事や日常でのやりとりを通して教えていただいたのも、私の大きな財産になっています。

二度と戻りたくない時期のこと

「過去はオール善」といいつつ、本書の冒頭でも触れた通り、「二度とあの頃には戻りたくない」という時期があったのも事実です。

実は『母原病』シリーズがひとしきり売れた後、1980年代初めは単行本が振るわなくなり、グループ会社の意向により**1983年から数年間、書店ルートの書籍を出さなくなった時期があった**のです。

当時、家庭訪販で腕ききの営業スタッフを多く抱えていた関連会社が職域販売に乗り出すことになり、地方自治体や企業、町内会などに向けた大判の4色もの実用書を作るようにとのお達しが出たのです。ごく一部は書店にも流すが、あくまでも直販が主体で、書店ルートは添え物という位置づけです。

ある日、数名いたスタッフに対して、会社から突然、言い渡されました。

われわれの力不足が原因だったのですが、曲がりなりにも前職を含めて7年以上、書店店頭で売れるという直接の手ごたえをやりがいに仕事を続けてきた身にはショックでした。

効率的に仕事を進めるために、営業主導で上がってきた企画について編集部で骨子を決め、外部の編集プロダクションに原稿の製作をゆだねるというスタイルです。『冠婚葬祭のマナー』『漢字用語辞典』『簡単！　感嘆！　健康食』『手紙・スピーチ集』『らくらくクッキング』など、ゴリゴリの実用ムックばかり。

中には数十万部もの部数に達するものもありましたが、ルート販売で営業力によってさばく方式なので、成功か失敗か、手ごたえが感じられないのです。**長い編集者生活で、あのときほど薄味な日々を送ったことはありません。**

そういえば、業務の変更を突然告げられた頃の話です。

気分がクサクサしていたので、たまに酒場でクダを巻いている人がいる、自分もときにはあんなふうに鬱々（うつうつ）と飲んでみようかと思い、新宿ゴールデン街に出かけました。

そして数時間後。残念ながら鬱々どころか、いつものようにバカ話をして腹を抱えて笑っている自分がいたのでした。やはり呑（の）み方までマイナス志向にするのは難しかったようです（笑）。

もともと楽天的に生まれついているのか、特に現状を変えようとあがきもせず、この時期に夢中になったことがあります。趣味の将棋とテニスです。

将棋はグループ会社にアマチュア強豪の五段クラスが何人もいたので、将棋部を結成。私は当時二段になったばかりの棋力でしたが、部長に就任し、対外試合を含めてさかんに活動しました。新宿将棋センターにも、毎週のように通い詰めたものです。

そのうち職域団体戦にも出場できるレベルになり、武道館で全国から集まった猛者たちと向き合うのは、緊張感はあるものの、至福のひとときでもありました。

またテニスにも熱中し、テニススクールにも5年以上、毎週通っていた記憶があります。荒川河川敷にある大宮けんぽグラウンドのテニスコートがわれわれのホームでした。夏場の休日、午前中4時間みっちりボールを追い続けると、疲労で午後は使いものにならないのですが、体だけは鍛えられたのかもしれません。

脱線が長くなってしまいました。

ジタバタしないで将棋やテニスに熱中したのは、もしかしたら「吉」だったかもしれません。というのは、職域商品として出した『20歳になったら読む本』(もともと地方自治体の成人式用の記念品として作られた)の評判がよく、これをタイトル・装幀を変えて書店向きに本格的に売り出そうということになったからです。

1986年のことです。

これが『ヤングアダルト情報源［常識編］』として刊行されるや、宣伝もしないのに売れ始めたのです。詳細は省きますが、これを起点に25点でシリーズ300万部という大ヒットシリーズが誕生。これによって、見事に書店ルート復帰を果たすことができたのです。

やはり、「過去はオール善」ということになるのでしょうか?

第2章

エネルギーこそが人を動かす

一冊のエネルギーが、人生を変える

手のひらに、一冊のエネルギー。

2002年に社長になるにあたり、私は経営には何が一番大切か、いろんな方に聞いて回りました。すると経営に携わった経験のある人の多くが**「キャッシュフローと経営理念」**と回答してくれました。

当時の会社は、前述したように財務的には極めて厳しい状況だったので、当然ながら私がまず強烈に意識したのが、キャッシュフローでした。とにかく2、3年は足元を固めなければ、と走り回りました。編集者と経営者では、業務への視点も決断する内容も変えなくてはなりません。出版業界全体が明らかにダウントレンドに入り始めていたこともあったので、私は一度ゼロベースで考えるべきだと思ったのです。

そして「経営理念」の確立です。これは当時の社員全員、40名弱がすべて業務をストップし、熱海のホテルに3日間、カンヅメになって話し合いを持つことから始めました。最初にテーマにしたのは、今のサンマーク出版をひとつの言葉で表すとしたら、どういう言葉になるだろうか、でした。ここから、ロゴマークや企業理念を検討していくCI委員会というチームを発足させました。

すぐに「会社を表すひとつの言葉」を作ってしまう方法もありましたが、私の中では、やはり本来こういうものは、時間をしっかりかけてやるものだという思いがありました。何よりも言葉を生み出す仕事に携わっている会社なので、われわれ自身を表す言葉は、丹念につむぎ出したかった。それで、コンサルタントの先生のアドバイスも受けながら、丁寧に時間を積み重ねて作っていったのです。

こうして1年半近くかけて生まれたグランド・コア・コンセプト（会社運営の中核となる考え方）が、**「手のひらに、一冊のエネルギー。」**でした。われわれの刊行する**一冊一冊の本が、読者の生きるエネルギーとなってほしい**という願いを、この言葉に凝縮したのです。

本づくりをするようになって、私にはずっと気になっていることがありました。それは、本というのはどのようにして広まっていくのか、ということです。

考え続けてわかったのはこういうことでした。本とはエネルギー体のようなもので、そのエネルギーの大きさが、人を惹きつけるのです。本はいろいろな人に、それぞれの成長段階に応じてエネルギーを与え、人生を変えてくれるのです。

「手のひらに、一冊のエネルギー。」とは、まさにわれわれが、世の中に伝えたいメッセージでした。そして、エネルギーを作り、伝播できる会社にならなければいけないと考えたのでした。

エネルギーの伝播現象を口コミという

本のエネルギーを押しとどめられずに人に話してしまう

本というのは、基本的に口コミで売れます。これは時代が変わっても同じで、インターネットやSNSも口コミであることに変わりはありません。人づてに広がっていく、というのが、本の基本的な売れ方なのです。

では、口コミで売れるというのは、いったいどういうことなのか。

繰り返しになりますが、本は単に物質的な存在ではなく、エネルギー体のようなものなのです。一冊の本を読むと、読者は自分の中にその本のエネルギーをいったん取り込むことになります。口コミというのは、本に内在するエネルギーが大きすぎて、読んだ人の中に押しとどめられずに外にあふれ、人についつい話をしてしまう、ということなのではないかと。

そして、それを聞いた人がまた同じ本を読み、その本のエネルギーを自分の中に取り込む。そうすると、同様にそのエネルギーを押しとどめておけなくなって、人に話をしてしまう。そうやって、口コミが広がっていく。

つまり、口コミというのは、**「本のエネルギーの伝播現象」**ではないか、ということです。驚きとか、感動とか、感嘆の伝播現象です。だから、いかにエネルギーの大きな本を作っていくか、ということが大事になるということ。**「本＝エネルギー論」**です。

面白いことにスタートが少部数の本でも、読者が押しとどめられないようなエネルギーを内在していると、しっかり反響を呼んで売れていくのです。

われわれは基本的に、いきなり大部数から始めることは稀（まれ）です。それは理（ことわり）に反している。

まだよちよち歩きの幼児に、学生服を着せるようなものだと思えるからです。

小さな広告でも、本に力があれば反響が起こる

ときどき出版業界では、作為的な購入が見られることがあります。書店の売上ランキングの上位に入れたい、とばかりに大きな買いが入ったりする。しかし、これは残念ながら物事の本質がまったくわかっていない、といわざるを得ません。

本が広がっていくには、エネルギーの伝播現象こそが重要なのです。かりそめにランキングを上げたところで、人が買ってくれるなどと考えるのは愚かです。そんなところで無駄な努力をするのではなく、エネルギー量の大きい本さえ作れば、きちんと口コミで伝わっていくのです。

インターネットを使った大々的なプロモーションも最近はときどき見かけるようになりましたが、これも同様です。もちろんインターネットの利用が、本の存在を知ってもらうという意味で有効であることは間違いないと思います。ただ、やはり問われてくるのは、**もともとの本の自力があるのか**、ということです。そこがしっかり押さえられていないと、勘違いになりかねない。読者が口コミしたくなるような本かどうか、ということです。

実際、本当に力のある本というのは、小さな広告ひとつでも読者からの反響があります。新聞記事の下に設けられた全5段の広告スペースの中で、幅数センチ程度の極めて小さな広告でも、その本のエネルギーが大きいもの、タイトルがピンとくるものであれば、読者に響きます。

その意味では、**広告の果たせる役割というのは、商品の販売をちょっと後押ししてあげる、くらい**だと考えています。その後押しが一定以上の反響を呼んでくれれば、本の成長度合いに合わせて、また力をかけていけばいい。

生き物としての本が育ってきた場合に、そのときどきの対応を考えていく。大きく育とうとするときに大きな力をかけると、大きく変化していくのです。

ここまで本のエネルギーについて述べてきましたが、よく考えるとそもそも自然界はエネルギーによって成り立っているのかもしれません。

地球は太陽の圧倒的な質量（エネルギー）に支配されて太陽のまわりを回っていて、月が地球のまわりを回るのも同じ原理です。そんな目で世の中のいろいろな事象をながめていくと、案外面白い気づきがあるかもしれません。

エネルギー、エネルギーとこれまでにも何度も書いていて、うるさいヤツだと思われたかもしれませんが、つい最近になって、20歳のときに知り合った連れ合いに、こんなことを言われました。

「あなたは学生時代から、エネルギー、エネルギーって、しょっちゅう言ってたわよ」

どうも、もともとエネルギーに反応しやすい体質だったようです。その意味では、なんとも幸運な仕事に就けたのかもしれません。

て

天地自然の理(ことわり)に学ぶ

たとえ売れても、スキャンダル本は出さない

「手のひらに、一冊のエネルギー。」という言葉を社員全員でつむぎ出す作業と並行して、経営理念を固める仕事にも着手しました。こちらは経営者である私自身が、多くの事例を

学びつつ、やはり同じく1年半ほどかけて次の言葉にたどりつきました。

「天地自然の理に学ぶ」

本がヒットするとかしないとか、あるいは事業がうまくいくとかいかないとか、さらにはもっと広くいえば日本という国の行く末のようなものも含めて、すべて「天地自然の理」のもとに成立しているような気がしている。そんな話を、社員たちと私はよく共有していました。

だから、「天地自然の理に学ぶ」を経営理念として、天地自然の理に反したことをやろうとしてはいけないぞ、という思いを大切にしたい。ある意味で、生き方の指針ということも含めて決めたのが、この経営理念でした。

本来そうあるべきものを大事にし、なるべく真っ直(す)ぐに正直にいろいろなことをやっていく。人を元気づけたり、励ましたり、勇気づけたりするような本を出していく。

どんな人にとっても、人生はなかなか辛(つら)いことが多いものです。だから、読者の人生に寄り添えるような本を作る。それによってこそ社会から必要とされる会社になるのだ、と。

いくら売れそうだったとしても、ウソ偽りのもの、あるいは人を傷つけるようなもの、センセーショナリズムのような本は作らない。柳の下のドジョウも狙わない。それは、正しいことだとは思えないから。

例えば、スキャンダルを売りにした本がヒットすることがあります。お金になる、収益が上がるからいいじゃないか、という考え方もあるかもしれませんが、私はそうは考えません。スキャンダルが売りであれば、どこかで人を傷つけているのだと思うのです。

そういう本は、私には悪い波動を出しているように思えてなりません。物事の佇まいを悪くする。結果的に、出版社にはネガティブな影響が出る、と勝手に考えています。

どんな商品も同じでしょうが、**その会社の運をよくする商品なのか、悪くする商品なのか、十分に考えるべき**だと思います。われわれは極力、自分たちの会社の運がよくなるような本を出したい。読者を癒し、元気づけ、気づかせ、変化させるような出版をしたい。

本当に読者に喜んでもらえるような本を継続して出していけば、業績は自ずから保たれると私は考えています。そうでないと、社員も仕事をしていてやりがいを感じられないとも思っています。

失礼を承知で書きますが、スキャンダルを追いかけて仕事をしている人たちは、どんな顔つきになっていくのか、と心配してしまいます。自分のことは差し置いて、人の欠点や悪いところばかりを探そうという商売をしていて、本当によい人生を送れるのか。

それは果たして本当に世の中に貢献しているのかどうか。本当にそれは世の中に必要なのかどうか。一人ひとりが問わなければいけないと思うのです。

無理に社員のバイオリズムを歪めない

天地自然の理は、営業的なことでも同様です。例えば、広告などに掲載する部数を水増しして、よりたくさん売れているように見せかける、などということが出版業界ではよくありましたが、われわれはやりません。部数は正確に出す。

書店からの注文に対しても、原則は満数出荷（希望した冊数を入れること）をします。腹の探り合いのようなことはやらない。満数出荷してくれないと書店が考えると、多めに注文を入れたりするようなことが起こります。それは最終的に、正しくない結果をもたらします。

税務申告についても、企業としての節税はしますが、とにかく正直にする。妙なことをして、ごまかしたりしない。

極力、自然にやっていった上で、成果が出るようにするにはどうすればいいのか、ということを考えていきたいのです。

これは組織運営の面でも同じです。それこそ、いつもいつも全員からヒットが出る、成果が出る状態になっていなくてもいいと考えています。誰にでも調子の悪いときがあるもので、そんなときは少し抑え目に仕事をしてもらって構わない。

編集者にもバイオリズムがあるのです。一人ひとりに山があり谷があり、というのはあたりまえで、全員が全員「いつも波の上にいなさい」などと私は望んでいません。自然の流れで、とてもいいところにいる人もいるし、中間あたりの人もいるし、下の人もいる。

上のほうが長い人もいるし、下のほうが長い人もいる。5年も10年もずっと鳴かず飛ばずというのは困りますが、時期が来るのを待つことが大切だと思うのです。

不思議なもので、長年ヒットが出なかった編集者が、「これは来るぞ」と思い始めるタイミングがあったりします。ヒットが出始めると連続して出る。低迷していた人がヒットを出すと、同じように低迷していた別の人にも出るようになることがある。

逆に、ヒットを出していた人がおとなしくなるようなことも起こる。実際に、こんなふうにバイオリズムがずれていくものです。

私は結局、天地自然の理に添った経営のやり方、もっといえば生き方をすることが最も合理的なのではないかと考えています。それに反することをしても、どうせしっぺ返しが来る。無理に塗ったペンキははげる。周囲からよく思われようと、表面的なことをやっても、まったく意味がないのです。

「本然」をベースに戦略を立てる

「本来そうであること」を貫けるか

天地自然の理と並んで、私が大切にしている言葉があります。それは「本然」です。本来そうであること、という意味です。

あまりよく使われる言葉ではありませんが、誰にでも本然はあるものです。どんなときにも本然に従って生きると、自然体でストレスも感じずにやっていける。やさしく言い換えると、**「その人らしさ」の根幹にあるもの**、ということで、そのように受け取ってもらって構いません。

とりわけゼロからものを生み出すような仕事には、本然は欠かせません。著者にしても編集者にしても、自らの本然を深掘りせずに何かを始めることはできないでしょう。

それぞれが著者としての本然、編集者としての本然を見極めること。そして、それぞれの本然が交差するところで仕事をすると、その地点でできた「プロダクツ＝本」は、エネルギーを持つのではないか。

さらに敷衍（ふえん）すると、それぞれの出版社にも出版社の本然があるはずで、それら**三者の本然が交差する地点でできたプロダクツは、さらなるエネルギーを生むのではないか**というのが、私の体験に立脚した仮説です。

本然は強みという言葉にも置き換えられるし、本来その人にとって一番落ち着くあり方、あまり無理をしないでもいられる姿勢という言葉でも表現できるかもしれません。そういうことをこそ、もっともっと見ていかなければいけない。

編集者の場合、当然それぞれの得意なジャンルもあれば、それまで培ってきた基盤やネットワークもあります。そこに本然があるとすれば、それを大事にしていけばいいのです。

逆に、本然を無視して、本来そうでないことをやろうとすると、うまくいかなくなります。失敗するケースというのは、おそらく、らしくないことに足を踏み入れ、そこにあまりに力を入れすぎてしまう結果、起きることが多いように見受けます。

先に、編集者一人ひとりのバイオリズムや運気曲線を無理に変えようとしないと書きましたが、つまりはそれぞれが本然を大切にして判断してくれればいいと考えているからです。結果として、会社がよい形で運営できればいい。そのほうが、一人ひとりは本然を活かし、得意を活かせるし、会社としても多様なものを生み出せると思うのです。

年に一冊、どんな本でも出せる編集者特権

本然にのっとって仕事をすると、やはり結果を出しやすい。そんな観点もあってわれわれは、「編集者特権」というものを設定しています。

書籍の企画は、当然ながら社内の企画会議にはかり、編集長からOKをもらわなければなりません。しかし、年に一冊だけ、どうしてもこの本を作りたい、というものがあれば、企画会議にはかったり、編集長のOKをもらったりしなくても出版できる、という特権があるのです。

実は85万部の大ヒットになり、映画化もされた2015年刊行の『コーヒーが冷めないうちに』(川口俊和著)は、編集者の池田るり子が編集者特権によって作った一冊でした。刊行からさかのぼること4年。彼女はたまたま著者の川口さんの芝居を友達といっしょに観て、その場であまりにも感動して号泣し、この舞台をどうしても本にしたい、小説にしたい、と思ったのだそうです。しかし、小社は小説というジャンルに強い会社ではなか

った。企画会議に出したところ、当時の編集長からNGを食らってしまいました。

それでも、彼女はどうしても出したくて、編集者特権を使ったのです。ただ、著者にオファーはしたものの、川口さんは舞台の脚本家、演出家であって、小説家ではありません。原稿が書き上がるまで、何度もやりとりがあり、実に3年もの年月がかかっています。

池田は納得のいくものが出てくるまで、粘り続けたのでした。それくらい舞台に感動し、多くの人にこの物語を知ってもらいたいと考えたのだと思います。

ようやく原稿ができたとき、編集長は黒川精一に代わっていました。編集者特権でできた原稿に、黒川がゴーサインを出しました。

あのときにこうしていればよかった、あの人にもっとこういうことを言っていればよかった、といった「後悔」がテーマの一冊でしたが、黒川自身、両親を10年以上前に亡くしていて、たくさん後悔があったといいます。

原稿を読んでそのことを思い出したそうなのですが、一方でちょっとだけ救われたような気がした、と彼は語っていました。もしかしたら多くの読者にも同様に受け止めてもらえるかもしれないと、手ごたえを感じたのでしょう。

なんと本屋大賞ノミネート作品に！

初版は7000部。池田の中では、2回増刷がかかればいいという気持ちがあった一方で、「本屋大賞を取りたい」と大ぼらも吹いていました。

「本屋大賞」とは、小説の新刊について最も優れていると思える本を書店員の投票で決定する賞です。「面白かった」「お客様にも薦めたい」「自分の店で売りたい」という基準で投票され、本にまつわる数々の賞の中でも、毎年一番注目され、反響も大きい催しなのです。

あまたある文芸出版社の老舗が毎年しのぎを削る、最高峰のレースです。業界人からすると、「門外漢が何を言うのか?」と一笑に付したくなったと推察されます。

刊行後すぐには、派手な動きはありませんでしたが、ミニイーゼルとミニ黒板を組み合わせた、実に手のこんだ販促用の拡材を池田が丁寧に作った。一つひとつが手作りで、それを全国の書店に届けました。これが作品の世界観を見事に表現していて、評判を呼んだようです。そして少しずつ火がつき始めた。

最初の大きな動きは、東北の書店からの注文が増えていったことでした。それで、東北の書店まで様子を見に行きたい、と黒川が言ってきました。聞けば、黒川と池田、営業と広告担当2名の計4名で行きたいという。

様子を見に行くのに4名というのは、多いような気もしましたが、何か狙いがあるのだろうと、喜んでOKを出しました。

先方からすれば、4名ものスタッフがわざわざ東京からやってくるわけです。書店側の対応も変わってくると、黒川は読んでいたのかもしれません。実際、まさにそうなりました。注文がさらに増えていったのです。東北は東日本大震災の傷が癒えていません。もしかすると、本のメッセージがそこに響いたのかもしれない、という思いも出張で感じたようです。

その後、黒川らは広島にも行きたいと言い出しました。喪失感ということに心を寄せてもらえる場所として、広島の地を選んだようです。これがまた正解だったようで、大部数の受注にもつながりました。

この本の場合は、こうして**地方から少しずつ火の手があがってきて、徐々に都市部でも売れ出すという珍しいパターン**でした。

刊行後数か月して、私も「これはいけるのではないか」と感じ、増刷のアクセルを踏み出しました。そして起爆剤になったのが本屋大賞のノミネートであり、それに続く映画化でした。惜しくも大賞は逃しましたが、ノミネート作品ということで店頭では大きく取り扱ってもらえました。

本書の冒頭にも記した、まずは「そう思うこと」、これを池田は実践したのです。「本屋大賞なんて、ありえない」と考えていたら、ノミネートされることはなかったでしょう。

映画化のおかげもあって『コーヒーが冷めないうちに』は85万部のロングセラーとなりました。海外でも台湾で10万部を突破したのを手始めに、イギリスでも半年近く文芸の翻訳書部門でトップセラーを独占するなど、大きなウェーブが生まれつつあります。

小学校3年生から年間300冊、小説を読み続けてきた編集者

『コーヒーが冷めないうちに』のヒットの後も、黒川と池田が中心となって、社内で文芸書の勉強会をやっていたようです。小説のタイトル、ジャンル、帯、広告の打ち方を徹底研究する。書店では、文芸書は著者名順に並ぶことが多いものです。著者の川口俊和さんの名前は「か」行ですが、「か」のつく作家の作品にはどんなものがあるかまで、洗い出していました。

手作りで用意した拡材のことは紹介しましたが、池田がこの本を売るために考え出した

手は100種類は下らない、と黒川は語っていました。やれることはとにかくとことんやってみる。それを完遂する。拡材ひとつとっても、どの時間帯の宅配便に載せれば、地方の営業担当者が動きやすいか、そこまで考えて仕事をしていたようです。

池田にとっては、実は小説こそが本然だったのだな、と知ったのは、この後のことでした。彼女が小説を担当したのは初めてでしたが、もともと「狂」のつく小説愛好家だったことを知ったのです。小学校3年生の頃から、小説をなんと年間300冊は読み続けてきたそうです。しかも、今でもそれは変わっていない。

たまたま彼女のお母さんに会う機会があり、その話を聞いたのでした。子どもの頃から、小説を読み始めると、話しかけても返事すらしてくれない子だったのだそうです。最近になってようやく、**あれは集中しすぎて聞こえなかったんだ、とわかった**とお母さんは話されていました。

ただ、こうした話は池田がこの本を形にした後から聞いたことです。そこでようやく、私は彼女の本然に気づくことができたのです。それまで池田はビジネス書や自己啓発書のジャンルで、いくつかヒットを作っていましたが、ここまでのものはなかった。85万部というヒットは、もちろん彼女の必死の努力もあったけれど、彼女の本然だったからこそ出せたのだと思います。

『自殺って言えなかった。』

2002年に刊行され、10万部を超えるヒットとなった一冊に、『自殺って言えなかった。』（自死遺児編集委員会・あしなが育英会編）があります。「あしなが育英会」から支援を受けている自死遺児の大学生や専門学校生13人の体験を、後に『「原因」と「結果」の法則』や絵本『いのちのまつり』などのベスト&ロングセラーを担当する鈴木七沖が編集しました。これを読んで自死を思いとどまり、何かをスタートした、という人が全国からたくさん出て、大きな話題になった本でした。

この本が世の中に出たとき、私は複雑な気持ちで本の動きを見守っていました。実は私自身、小学校5年生のときに2番目の兄を自死で亡くしています。当時、兄は大学の文学部学生でした。

昨日まで何の悩みもなく生活していたように見えた次兄が、突然命を絶った。遺書もなく、友達に相談することもなく逝ったせいもあって、自死の理由がわからなかった。そのことが、家族の辛さをよけいに重くしました。

11歳になったばかりの少年にとっても、思い出すたびに叫び声をあげたくなる出来事となったのです。近所の悪ガキから、このことでからかわれるのもわずらわしかった。ただ、からかう者は時が経てば忘れてしまいますが、こちらはそうではありません。

兄の自死から3年後、中学校2年生のとき、一冊の本に心打たれたのを今も覚えています。ロマン・ロランの『ジャン・クリストフ』。河出書房新社のグリーン版世界文学全集で2段組み全3巻の長編。ベートーベンをモデルにしたといわれる「ビルドゥングス・ロマーン」（人間的成長を描いた教養小説）で、過酷な運命を背負った主人公が、一歩一歩前に進んでいく様を描いた作品です。

その中に、こんなエピソードがありました。

後に音楽家になる主人公は貧しい生活の中で、師匠にオペラに連れていってもらう。それは素晴らしいもので、彼は感激する。その後、音楽の稽古のご褒美として、観劇に行けることになったのですが、その場面での言葉です。

「観劇後の1週間の半分は行ったことの感動を胸に生き、あとの半分は今度観に行くオペラのことだけを考えて暮らした」

もう半世紀以上も昔のことですが、今も鮮明に覚えています。

なんという素敵な言葉だろう。こういう姿勢で生きたら、たいていのことは乗り越えていけるのではないか。

この言葉に代表される、作家のものの見方、考え方が全編を貫いていて、それが読者に限りない力を与えてくれているように感じました。

兄の死の後、心の中を占めていたわだかまりが軽くなったような気がするとともに、「自分はこれで生きていける」という思いが、体の奥から湧き上がってきたのです。鮮烈な読書体験でした。

ところで先ほどの『自殺って言えなかった。』について。この本の刊行は私が社長に就任した年でしたが、そのときでも、まさに本のタイトルと同じ「自殺とは言えなかった」自分がいました。自然に話ができるようになったのは、それから10年以上も後の、60代も半ばになってからです。

おそらくどんなことでも同じでしょうが、心の傷が癒えるのには、長い長い時間を要するということなのでしょう。

本然に話を戻すと、もしかしたら少年時代に経験したことが、浪人時代の進路変更や職業選択のおりに、潜在意識下に働きかけて道を選ばせたという可能性もあるのかもしれません。

そして、人を元気づけたり、励ましたり、癒したりできる本を出すこと、それが次第に私自身の本然になっていったともいえるのです。

困難な人生に寄り添える本を

2万枚以上の愛読者カードを読んで改めて知ったこと

われわれは、生き方や人の心と体に関係した本を数多く出してきました。その過程で強く感じたのは**「人は悩む存在である」**ということです。

心からそう思うようになったのは、『脳内革命』がきっかけでした。私は本にはさみこまれている愛読者カードの返信を1枚1枚、読むのが習慣で、大変楽しみにしてきました。愛読者カードはおよそ200冊売れると1枚返ってくる、といわれています。410万部ものベストセラーになったので、おそらくこの本の分だけで2万枚以上のカードに目を通したことになります。

『脳内革命』は、心を平静に保ちプラス思考になれば、脳内モルヒネの働きによって健康になることを、数々の症例をもとに紹介した本です。そのため、「この本を読んで自分の悩みが解消できた」「プラス思考になれて本当によかった」といったカードが多数寄せられました。

そんな中で改めて知ったのは、人は実にさまざまなことに悩んでいるのだ、という事実です。道行く人を見ていると、さりげなく、何事もないかのように歩いているふうに映ります。そういう人たちそれぞれに、いろいろな悩みがあると、他人は思わない。

私もそれまでは、そんなふうには考えませんでした。しかし、大量の愛読者カードを目にして、そんなことはないと知りました。**道行く人それぞれに、それぞれの深い悩みがある**、と、遅まきながら気づいたのです。

本人自身の心や体に悩みがなくても、介護で悩んでいたり、息子の進路問題で悩んでいたり、悩みの種は本当に尽きないものです。それは頭でわかったのではなく、毎週毎週およそ300枚もの膨大な量のカードに接して、物量で体感したのです。

同時に思ったのが、そういう人々から強く必要とされる本を出したい、ということでした。人々に前へ進む勇気を与えてくれる本、困難な人生に寄り添えるような本を出し続けたい、と。

『心を上手に透視する方法』を高校生が買うことの意味

2011年に刊行した『心を上手に透視する方法』(トルステン・ハーフェナー著)は、もともとビジネスパーソンを意識して出した本でした。ところが、通常のビジネス書をはるかにしのぐ売れ行きを見せました。では、どんな層が買っていたのか。

象徴的なエピソードがあります。ある駅構内の書店で、女子高生が3人、この本を立ち読みしながら話をしていたのだそうです。そのうち、1人が突然、「私はこの本を買う」と言い出した。すると、残る2人もやっぱり本を手に取って買っていった、というのです。

1500円という価格は、彼女たちのおこづかいを考えると決して安くなかったはずです。ところが、レジに走った。

「心を透視する」というテーマは、ビジネスパーソン、大人には興味深く感じてもらえると思っていました。ところが実際には、女子高生にも響いたのです。あっけらかんと笑っていられる豊かな世代だとばかり思っていましたが、自分が他人からどう見られているのか、彼女たちはとても気にしていたのでしょう。

友達はこう言っているけれど、本当はそうではないのではないか、と考えざるを得ない状況があるのかもしれません。**われわれが思っている以上に、若者たちは生きづらい世の中を生きているのだ**と改めて知りました。「若い人たちにも、この本が響いた」と、喜んでばかりはいられない複雑な思いにとらわれたことを覚えています。

そ

ソフト産業はすべて多産多死

多くのものが死んでいくのは、宿命

本もそうですし、音楽や映画、ゲームなどもそうだと思いますが、ソフト産業、コンテンツ産業には、ひとつの宿命があります。それは多産多死だということです。

多くのものが送り出され、その多くは死んでいく。すべてがヒットするわけではまったくないどころか、ヒットするのはほんの一部。この宿命からは逃れられないのです。

逆にいえば、いろいろなものがたくさん出てくるから、ヒットが生まれるともいえます。多産多死が怖いから、ちょっとだけ作って、それをヒットさせよう、と考えればうまくいくのかというと、そうはいかない。

多産多死の「死」の部分をいかにリスク管理していくか、ということもたしかに大事な考え方ですが、それが消費者に受け入れられるのかどうかは、また別の話なのです。やはり、宿命からは逃れられない。

ソフト産業で大事なことは、多産多死の中で、ある程度の点数は出していくしかない、という覚悟を決めることです。

そして、多産多死であるがゆえに、ヒットの可能性が出てきそうなものと出会ったら思い切ったことをやっていくということ。市場に出れば、いろいろな息づかいが聞こえてきます。そこに徹底的にアンテナを立てる。反応をつかもうとする。

そうすると、兆しや変化に気づけるようになる。そういうものを感知するセンサーが働くようになる。そして、**兆しをつかんだら、積極的に手を打っていく**。これをやらないと、ソフト産業としての強みを活かすことにはならないと私は思っています。

だから、過去のベストセラーがすべてそうですが、これだ、という反響の兆しを感じたら、躊躇(ちゅうちょ)しないで積極策をとることです。先に業界で初めて電車の乗降ドア横の広告を始めた話をしましたが、それは少ないチャンスを最大化するひとつの方法なのです。
限られたものだけがヒットし、伸びていく世界。だから、「これは！」と思ったら、できるだけ踏み込まないといけない。前例にとらわれず、大胆に勝負に出る。そうすることで動きが変わってくるのです。

地道な分析で、兆しをつかんでいるからこそ

例えば新聞の全5段という大きな広告を打ったとする。どの本でも同じように反響があるのかというと、まったく違います。2倍、3倍どころではなく5倍、10倍、ときには100倍くらい違った反響が来ることもあります。

小社では、製作部が毎月、広告費を含めて、アイテムごとの収支を細かく出しています。それを見ていると、なまじ広告費を投下したために、単品で赤字になってしまうような本も出てきます。ですから、担当編集者から「この本をもっと広告してほしい」というような声はあまり上がりません。

本の成長の度合いとスピードをつける時期を合わせることがとても大事だという共通認識があって、幼児に学生服を着せるようなことは避けたいのです。

われわれは派手に広告をどんどん打つ会社だという印象を持たれているかもしれません。しかし、そうやって大きく打ち出していくのは、日々の販売状況であったり、読者の反響であったり、兆しをしっかりつかめているものに限られます。そこに行き着くまでに、当然ながら地道な分析が欠かせません。

出版不況といわれて久しいですが、ソフト産業全体が今、厳しい状況にあります。スマートフォンを筆頭とした、あらゆる媒体と、消費者の時間の奪い合いになっている。ヒットも出にくくなっている。これは出版に限らず、テレビの視聴率などにも端的に出てきています。

価値観の多様化が進み、他に楽しめるものが増えてきている。しかし、だからといって、歩みを止めるわけにはいかない。今の状況の中で最高の仕事をするにはどうすればいいのか、執念深く追い求めていくしかない。

大切なのは、**これまでになかった新しい価値を生み出すこと**です。そして、これはと思えるものに大きく踏み込んでいく。ソフト産業の宿命を認識しつつ、世界を視野に入れてキラーコンテンツに挑んでいく。この力が弱くなっていることも、出版不況という悪循環の大きな原因だと考えています。

抜きん出た強みのある著者か？

著者も編集者も「強み」で選ばれる

強いエネルギーを持つ本を作るためにも大切なこと。それは、強いエネルギーを持った著者の本を世に送り出すことです。これを「サンマーク出版かるた」では、**「抜きん出た強みのある著者か？」**と表現しています。

著者にとって、著作はまさに分身です。自分が積み重ねてきた人生がそのままにじみ出る。また、そういうものにしないといけない。

企業経営者や個人事業主の方から、よく出版企画の打診を受けることがあります。その際にいつも申し上げるのは、「出版企画をうんぬんする前に、ご自身の持ち場で、抜きん出た圧倒的な成果を上げることが先決です。それを抜きに企画は成立しないのです」ということです。

この言葉はそのままこちら側、つまり編集者にもはね返ってくるのを覚悟しなければなりません。編集者のほうも、それぞれが他人にはない「抜きん出た強み」を持たないと生きてはいけない。

だからこそ、著者も編集者を選ばないといけないと考えています。よく「医者と弁護士は人を選べ」といわれますが、そこに編集者も加えてほしいと私はいっています。実際、先にも書いたように、100人の編集者がいれば、100通りの本ができるのです。

したがって同じ企画でも、Aという編集者が出したら編集部をあげてOKが出るのに、Bという編集者が出したらOKが出ない、といったことが起こりうるのです。

AにもBにも、それぞれ積み重ねてきた経験や実績があります。そこには「らしさ」が必ずある。実績や強みに裏打ちされた「らしさ」に一致していない企画を出してしまうと、「それは、らしくないな」ということになってしまうのです。

ですから、著者になろうとするとき、担当してもらう編集者の「らしさ」、もっといえば「抜きん出た強み」が極めて重要になります。企画自体はとてもよかったのに、その編集者の「らしさ」に合わなかったために、不首尾に終わった、なんてことが起こりうるのです。だから、編集者は選ばないといけない。

著者も編集者も、そして出版社も、「選び、選ばれる」ところでしのぎを削り続ける運命にあるわけです。

し　女性が味方してくれないと、部数は伸びない

男性編集者には「女性」が半分くらい入るといい

本がヒットするときの重要な条件のひとつに、間違いなくこれがあると私は思っています。**女性に支持されることです。**女性に応援してもらえる本になることは、とても大切なのです。

逆にいえば、女性に味方してもらえている、と感じたら、その本には高いポテンシャルがあるということです。ひとつ、忘れられない経験が私にはあります。

第1章でも触れた翻訳書の『小さいことにくよくよするな！』は当初、男性ビジネスパーソン向けの自己啓発書をイメージしていました。

ところが、本を出してみたら東京の恵比寿や大井町の有隣堂で際立った結果が出たのです。いずれも駅ビルのインショップで女性の利用者がとても多い書店です。女性に支持されているかどうかの、大きなメルクマールになる店舗でもあります。

そこでいきなり大きな反響があったことを知って、**これは女性に読んでもらえる本だ、ひょっとしたらもっと広まるかもしれない**、と感じました。こうした動きは当然、他の書店も注視しています。ある大手書店が、大きく展開したいと言ってくださったのでした。

そうすると、刊行月に500冊、翌月に830冊、次の月には1050冊と、月を追うごとに書店の数字が伸びていきました。そして、こうなる前に「この本はミリオンセラーになる」と予言するかのようなメモを自分で半ば無意識に書いていたのは、先に記した通りです。

これは『病気にならない生き方』でもそうでしたし、『生き方』でもそうでしたが、30万部ラインを超えると、女性比率が高まってきます。さらに高校生、中学生など低年齢層にも広がっていく。

『生き方』に関していえば、発売当初は経営者や企業の幹部など、圧倒的に男性読者が多かった。ところが売れ行きが伸びるにしたがって女性比率が高まり、現在は全体の4割を占めるまでになっています。そして第2弾にあたる『心。』は刊行9か月で18万部に達しましたが、読者の7割が女性というデータが出ています。ベストセラーの鍵を握っているのは、やはり女性なのだと改めて思いました。

もっといえば、これは女性にお世辞をいうわけではありませんが、そもそも女性のほうが男性よりも優れているのだと私は勝手に考えています。**「産み育てる性」ということもあって、世の中の変化や社会の流れに対して敏感なセンサーを持っている**ように感じます。そして理屈ではなく感覚で、いろいろなものをキャッチする。だから、より本質的なとらえ方ができるのではないか。

女性にどのくらい支持してもらっているか、われわれはいつも気にしています。そして、タイトルや装幀（そうてい）から本文のレイアウトまで、女性に手に取ってもらえ、買ってもらえる本になっているかどうか、絶えず意識しています。

私がよく言うのは、男性の編集者には「女性」が半分くらい入っていたほうがいい、ということです。実際、ヒットメーカーには、女性的な部分をあわせ持った人が多い。繊細さ、相手への配慮、情報感度の高さや口コミ力……いずれも編集者にとって欠かせない資質です。

逆に女性の編集者は、女性性だけではなく、男性性も意識していく。そうすることで、自分の性を超えるような仕事ができると思っています。

ひ 病人のお見舞いに持っていける本か？

大ヒットする書籍に共通する5つの要素

長年出版の世界で生きてきて、ベストセラーの方程式などといったものは、残念ながら存在しないと信じるに至りました。

一方で、大ヒットする書籍には、共通する要素があるのも事実です。それは、大きく分けて5つあると私は考えています。

1つ目は、**「驚きを生むタイトルになっている」**ということです。なぜなら読者は新しいもの、これまでになかったもの、つまり驚きを求めているからです。どこかで見たな、というようなものは、手に取ろうとは思わない。

何らかの点で驚きがある、タイトルから「新しい価値」を感じ取れる、そんなふうに受け止めてもらえることが大事です。これについては次章でも考察したいと思います。

2つ目は、**「心と体の癒し、健康に関わっている」**ということです。先にも書いたように、多くの人は悩みを抱えているし、また、体も疲れている。

読者から「この本によって癒された」「体形を変えることができて自信を取り戻した」という声が多く寄せられる本は、伸びる余地も大きい。心と体の悩みにそっと手を差し伸べられるようなものは、やはり大きなニーズがあると思います。

3つ目は、**「それを読むことによって、読者自身が変われる」**ということです。そもそも編集者は、素晴らしい企画で社会的に意味があり、読者の共感も得るに違いない、と思って本を出そうとします。

ところが、いい本ではあっても、読者がお金を出して買ってくれるものにはならない、ということが多々あります。ああ、いいな、と思える内容で、読者自身がそれによって変化できるというものになっているのかといえば、そうでないことも多いのです。

偉そうにこんなことを書いていますが、これには自戒の念が込められていて、この種の間違いを実は何度となく、性懲りもなく繰り返して今日に至っているのです。

大ヒットする書籍に共通する要素の４つ目は**「田舎でも売れる本になっている」**ということです。

編集者はともすれば洗練されたもの、都会向きの本を作りたがります。しかし、よく考えてみたら、日本でもアメリカでも、都市に人はたくさん集まっていても、圧倒的に多くの人が暮らしているのは、地方なのです。

ですから、地方の売れ行きは大きな意味を持ちます。その本は果たして田舎でも売れるのか、という問いかけは、とても大切です。

そして５つ目が、先にも触れましたが、**「女性に応援してもらえる本である」**ということです。男性が本を読んでよかったと思っても、「ああ、よかったな」で終わってしまうことは少なくありません。

ところが女性の場合は、よかったら「あの本、よかったわよ」と人に伝えてくれる。発信力が違うのです。男性の数倍もの発信力を持っている読者は、貴重な存在です。

以上、５つを挙げましたが、これらを総合して考えると、ひとつのキーワードが見えてきます。それが、これです。

「病人のお見舞いに持っていける本」

誰かが入院して、お見舞いに病院に持っていく本というのは、実は意外に選択に迷うものです。あまり内容が難しくてもいけないし、ページ数が多かったり、重かったりする本でもいけない。人の気持ちが暗くなるような本は、なおさらいけない。

元気をつけてくれて、気持ちが前向きになれる。そしてページ数も手頃。そういうものが病人のお見舞いに持っていける本だと思うのです。

2010年に東京国際ブックフェアのセミナーで講師役を承って、この「病人のお見舞いに持っていける本」について語ったことがあります。ちょうど98歳の詩人、柴田トヨさんの『くじけないで』（飛鳥新社）がヒットし始めている頃でした。

刊行後の数か月で20万部を超えていましたが、私はこれこそ病人のお見舞いに持っていける本だと感じていました。そこで、**「今年の暮れまでにこの本はおそらく大ブレイクします。ミリオンセラーになりますよ」**と予言しました。すると、間もなくNHKで大きく取り上げられて評判になり、実際は、翌年明けてすぐにミリオンセラーとなりました。

しかし、予言は見事に当たったのですが、その年の小社の業績はあまり芳しくありませんでした。社員からは「社長、他社の本の予言なんてしていないで、ちゃんと大きなヒットを作ってください」と叱られました。そんな苦い思い出もあります。

る

累計部数を伸ばすことに命懸け

100万部を110万部にすることの価値を考える

ソフト産業は多産多死、新しいものを出し続けなければいけない、とは先に書いたことですが、だからといって新しいものだけでヒットを構築しなければいけないわけではありません。厳しい生存競争を生き抜いてベストセラーになっているものの累計部数を増やしていくという観点は、案外盲点になっているような気がします。

私が長年心がけてきたことのひとつに、**「累計部数を伸ばすことに命懸けになる」**があります。よく言うのですが、まったくのゼロから10万部の本を作るのも、100万部の本が110万部に伸びるのも、どちらも同じ10万部なのです。

当然ながら、ゼロから10万部のヒットを作るのは容易ではありません。一方で、100

モデルが秘密にしたがる体幹リセットダイエット

佐久間健一 著

爆発的大反響！

テレビで超話題！芸能人も－17 kg !! －11 kg !!!

「頑張らなくていい」のにいつの間にかやせ体質に変わるすごいダイエット。

定価＝本体 1000 円＋税
978-4-7631-3621-3

かみさまは小学５年生

すみれ 著

涙がこぼれる不思議な実話。

空の上の記憶を持ったまま10歳になった女の子が、生まれる前から知っていた「ほんとうの幸せ」について。

定価＝本体 1200 円＋税
978-4-7631-3682-4

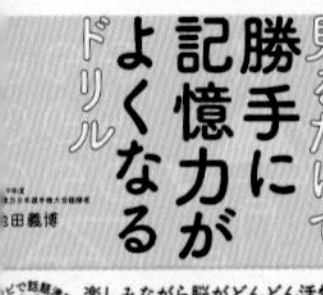

見るだけで勝手に記憶力がよくなるドリル

池田義博 著

テレビで超話題！１日２問で脳が活性化！

「名前が覚えられない」「最近忘れっぽい」

「買い忘れが増えた」

こんな悩みをまるごと解消！

定価＝本体 1300 円＋税
978-4-7631-3762-3

万部のものを110万部にするのは、上手に工夫さえすれば、なんとかなるものです。しかも、それによって10万部の新刊以上の価値を、会社にもたらしてくれます。

これもよく言うのが、増刷5万部は、新刊10点相当、という言葉です。増刷5万部のほうが利益率も高いのです。

これは本に限らず、他の商品でも同じだと思います。新しいヒットもたしかに大切ですが、すでにヒットしているものの累計部数を懸命に伸ばしていくことはさらに大切です。そして、そのための方策をどのくらい意を注いで考えているのか、です。

ここにしっかり意識を持てるかどうかが、売れているものを、さらに大きく伸ばせるかどうかの、大きな決め手になると思っています。

本を刊行したら、書店やウェブサイトでのその本の息づかいを細かく見ていく。ときには1時間ごとにチェックするほど、徹底的にデータに、起きている現象に向き合う。現場の反応をリアルタイムで見ながら、兆しや変化をとらえるセンサーをフル稼働させ、とことん考える。そして、ヒットの兆候をつかんだら、大事に育てていくのです。

ろ　ロングセラーは企業の宝

発売日は何度でも設定すればいい

出版社の経営にとって、最も恐ろしいものは返品です。書店からの注文が「買切り」であれば問題ないのですが、通常は「委託」という形をとっているため、「見込み注文」の当てが外れれば、それが返品となって戻ってくるのです。

出版社の社長を殺すのに刃物はいらない、社長の耳元で「返品、返品」とささやき続けるだけでいい、なんて言葉もあるくらいです。『女がわからないでメシが食えるか』の著者・櫻井秀勲さんからは、こんなことを教わりました。

「植木さん、返品というのは、うじ虫のようにわいてくるんだよ」

出版の関係者にとって、これはリアリティがある言葉です。実際、10年前の本の注文というのはなかなかないのですが、10年前の本は返品として出戻りしてくることがあります。返ってくるなと言っても返ってくるのです。

しかし、それがもしやむを得ないことだとしたら、**逆に10年後にも出ていく本を作ればいい**、と発想を転換することにしました。

端的に、本づくりをするときには、ロングセラーを意識する、ということです。ロングセラーが、経営にとっても、極めて大事だからです。長く売れ続けるロングセラーの本が積み重なっていくことで、経営は大いに安定するのです。

実際、社長に就任したときには、ロングセラー書をどれくらい持てるかが、その企業の死命を制する、くらいに考えていました。世間には、われわれがロングセラーを出す出版社だという認識を持ってもらいたかったし、自分たちもそれを大事にしていこうと考えていました。

ベストセラーというと、部数ばかりが注目されがちですが、やはり長く売れないと仕上がり率（刷り部数に対する実売率）がよくない。１００万部刷っても、30万部が残ってしまった、などということも起こりえます。

ロングセラーなら、繰り返し読まれるから、その心配はない。サンマーク出版のミリオンセラーの多くは、仕上がり率が95％以上という驚異的な数字を残しています。それは

「生き物」としての本の息づかいに絶えず耳を傾けて手を打ってきたおかげであるとともに、企画から販売まで一貫してロングセラーを意識しているからでもあります。

例えば、『脳内革命』は、1995年の6月に出ましたが、大ブレイクしたのは翌年で、2年以上にわたって売れ続けました。また、『小さいことにくよくよするな!』も、2年連続で国内の年間ベストセラーのトップ10にランクされていました。

『病気にならない生き方』も1年かけてミリオンセラーになりましたし、『体幹リセットダイエット』も、次々と新刊が出てくるダイエット本としては珍しく、刊行後3年を経た現在でも店頭に平積みで置いてもらっています。

さらに、2003年に刊行された『「原因」と「結果」の法則』も、いまだに版を重ねて読み継がれています。

ロングセラーをめざそうというわれわれの意図は、書店や読者にも伝わっているのかもしれません。

部数ももちろん大事ですが、長く読まれることも大事にしたい。そんな話をしていたら、業界紙『新文化』の丸島基和社長から、こんなことを言われました。

「植木さん、出版業界の人は本の発売日って、1回だけだと勘違いしているんじゃないかな。でも、テレビで取り上げられて大きな波が来たら、それは2回目の発売日にしたらい

い。また著名な人が推薦して大きな波が来たら、3回目の発売日にしたらどうですか」

これには、ハッとさせられました。ロングセラーとなった本の発売日は、何度でも設定すればいいのだ、と。考えてみれば、刊行から何年か経っていても、初めて見る読者にとっては、その日が発売日だったとしても何ら違和感がない。

1回目の発売日のときには意識が向かなかった本でも、2回目の発売日では手を伸ばしたくなるというように、個々の読者にも変化が起こるし、そもそも読者層自体が循環するものです。たしかにそうだと思って、以来、第2の発売日、第3の発売日を意識して、これまで以上にロングセラーへの取り組みに力を入れていくことにしました。

ミリオンを強く念じて実現する

「暗黙知」が仕事のスピードと質を高める

ミリオンセラー、ベストセラーはなにも編集者ひとりで作るわけではありません。チーム力というか、それを支えてくれる他部署の力量が不可欠なのです。実際、製作部にも営業部にも、小社の8冊のミリオンセラーすべてに関わってきた人間がいます。どんなときに、どんなことをしなければいけないのか、それをわかっているキーマンが各部署にいるのは大きいと思います。あうんの呼吸、暗黙知ともいうべきものがあって、それが勝負どころで決め手になることが少なくありません。

さらにその暗黙知は、ありがたいことに取引先へも波及しているように見受けます。ミリオン級のヒットの場合は、ときとして一気に10万部、20万部といった大重版になることがあります。たいてい、「緊急に」というおまけの言葉つきです。

ある時期、台風災害のあおりで印刷用紙の主力となる製紙工場が操業停止となったことがあります。そうなると、取引先の用紙会社にとっては死活問題です。幸い、このときは用紙会社の担当者が事前に大重版の気配を察知して、全国からあらゆる手立てで紙を手配し、間に合わせてくれました。ミリオンセラーと一口に言っても、こういうことの積み重ねのおかげで成り立っていることを忘れてはならないと自戒しています。同様のことは印刷所にも製本所にもいえます。

今は「リアルからウェブへ」という流れの中、取次会社や書店は逆風にさらされています。それでも、10万部を超えるような重版を取次会社のルートで数日のうちに全国にくまなく送り届け、書店ではスペースを設けて届き次第、展開をしていただけるのです。これは本当にすごいことです。こうした恩恵の上にわれわれの成果が積み上がってきたことは、間違いありません。

取次会社や書店の方々の間にも、単なる数字のやりとりに止(とど)まらない暗黙知の領域があって、本の反響の高まりを追いつつ、**「次のステージへの予測」**が働くようです。それがあると、仕事のスピードが一気に加速するから不思議です。

こうしたことをふまえると、本の反響というウェーブが起きたときに、数字の推移とその本のステージを判断した上で、重版決定・広告の手配や書店、取次会社への告知といったことを一気通貫でシームレスに行う。取引先でも暗黙知を働かせて最速、的確に読者へと本を届ける力添えをしていただく。日々、数字と読者の「熱量」という気配を肌で感じながら、こまめに手を打ち続ける。平凡ですが、その先にしか成果はないのです。

ミリオンセラーの「方程式」は存在しない

このようなことも含めて、ミリオンセラーが生まれるには、運命の女神が微笑(ほほえ)んでくれなくてはならないのです。先に大ヒットする書籍の要素を紹介しましたが、それを意識しながら、企画にも原稿にも装幀にも徹底的にこだわって、これぞ、と思うものができたとしても、それはあくまで必要条件に過ぎないのです。

必要十分条件になるには、「何か」がなくてはなりません。何かが加わらないと運命の女神は微笑んではくれない。

では、何かとは何か。端的にいえば、**「よくわからないもの」**だと私は考えています。このわからなさというのが大事な要素で、そこが面白さでもあるのです。そこがわからないからこそ、やはり必要条件をどこまでやり切るか、ということが問われてくる。そうすることで、必要十分条件に少しでも近づけるのだと思うのです。

もっといえば、その何かについて、わかったような顔をしてはならない、と私は信じています。わかったような顔をすることは、生まれてくるものに対して、ある意味では冒瀆（ぼうとく）のような気がしています。

「A×B＝C」のような数式で、「こうすればミリオンセラーは作れる」などというやり方はできない。それは、違うのではないか。天地自然の理にも反しているかもしれません。

もしかすると、そのときどきの旬やタイミングも、そのひとつかもしれません。過去のミリオンセラーでも、半年早かったら、あるいは半年遅かったら実現していなかった、ということはあるでしょう。その旬に出るという本の運もある。運のいい本かどうかです。

ミリオンセラーの方程式というものはないといいましたが、どんな本も「生き物」で、それぞれに成長段階があります。社員にもよく伝えているのが、**「その本の成長のステージに合った手を打とう」**ということです。

本が急激な勢いで成長している時期には、ためらわずに手を打たなければなりません。タイミングを計りつつ、失敗を恐れずに果敢に決断するのです。

『脳内革命』にしても、ミリオンセラーになってからは、なんと3～4か月ごとに100万部ずつ重版していた計算になります。クレイジーとも思える部数ですが、そうでなければ、410万部には到達しなかったでしょう。

筋目筋目にテレビの放映や新聞での報道が入り、大きなウェーブが何度もやってきました。そのときどきの本のエネルギーを測りながら、在庫を切らさないという思いでやってきた結果、とんでもないことが起きたわけです。当時は編集長でしたが、そういう思い切ったことをやれる土壌があったのは幸せなことだと思います。

業界の先人に学ぶことができたおかげで

思い切ったことができるという点で、実は比較的中小の企業のチャンスは、まだまだあると考えています。組織が大きくなりすぎると、稟議(りんぎ)などに時間がかかって、時機を逸してしまう可能性があるからです。

実は『脳内革命』の出る少し前に、出版業界を席巻(せっけん)していたのが、200万部を突破した俵万智さんの『サラダ記念日』(河出書房新社)でした。

そしてこのミリオンセラーについて、業界紙『新文化』が「〝サラダ〟はなぜ売れた!? 200万部の構造」というテーマで1988年6月から1989年3月まで22回にわたって大型連載を展開していたのです。

一冊の大ヒットにこれだけの情熱を傾け、分析した特集連載を私は初めて見ました。とても興味深く参考になる連載で、これは、と思った回はコピーを取って保存したほどです。感心したのは、版元の河出書房新社が、ここまで明かしてもいいのか、というほどに良心的に、あけすけに、ヒットの裏側をオープンにされていたことです。女性比率の話、発信力のある人への献本の話、プロモーションにおける地方紙の使い方など、ここまで開示するのかと驚き、感嘆しつつ読んでいました。

そして『脳内革命』が出て2か月ほど経って15万部を超えたとき、ふとこの連載を思い出したのでした。それで当時まだ入社したての斎藤竜哉にお願いして、図書館に行って連載すべてをコピーしてくるように伝えたのでした。

改めてコピーを通読し、これは何より参考になる、社内でも共有せねば、と思いました。ただ、まだ15万部を超えたばかりなのに、２００万部の本の話を出したりしたら、呆れられるのではないかと考え直したのでした。それでしばらく、キャビネットの中にしまいこんでおいたのです。

そして半年ほど経って『脳内革命』が60万部を超えた頃、それを営業部に渡して、全員で共有しました。後の４００万部超えに大いに役立たせてもらうこととなったのです。

また、前述したように、『体幹リセットダイエット』が「金スマ」に取り上げられたことがありました。このとき、私が相談したのが旧知の出版社の社長でした。やはり「金スマ」に取り上げられて大反響を呼んだ、ミリオンセラーを出していた会社でしたが、どのくらいの反響があるのか、聞いてみたのです。

するとこれまた何のためらいもなく、具体的な数字を挙げて、詳細に教えてくださったのでした。おかげで、各部署とも踏み込んだ姿勢で放映当日に備えることができました。会社を越えて成功体験を共有し、出版業界を盛り上げる。『新文化』の連載に協力された河出書房新社もそうでしたが、そんな心意気を感じました。

こうした、いろんな人たちの**目に見えないサポートも「女神の微笑み」なのだ**と私は思っています。

ら

乱調の中に美がある

予定調和からは何も生まれない

よくいわれることですが、人間の顔は左右対称ではなくて、微妙に左右が異なっている。そしてその微妙なアンバランスが、その顔の魅力や美しさを際立たせている、と。

同じことは書籍の装幀や企画にもいえるような気がします。ありきたりなもの、予定調和の中からは、新しいものは生まれない。前述した「**次のヒットはけったいなものの中から**」とも相通じる考え方かもしれません。

こうしたものの見方は、実はいろんなことに応用できます。

われわれは新たに入社してくる方に、小社の書籍を読んだ上でのレポートを提出してもらいます。新卒は100冊、中途採用は50冊読むと決まっています。枚数や書き方に特に制限は設けません。

これはけっこう時間もかかるし、案外大変な作業です。それだけに、提出されたレポートには、鮮明に「その人らしさ」が反映されるのです。

ときにはどんな本についても行数までそろえたかと思えるくらいに案分したレポートを書いてくる人がいます。それが悪いとはいいませんが、杓子定規に形をそろえるやり方を求めているわけではないと伝えます。

大学生のレポートではないので、プロとして、あるいはこれからプロになる存在として、**いわば自分の「攻めどころ」が示せていればいい**わけです。それによって「乱調」が生じても、予定調和を打ち破る強さや、たぐいまれな美しさに転化するかもしれない。そんなところを読み取りたいわけです。


話は少しそれますが、これまでわれわれはスピリチュアルなジャンルの書籍を継続して刊行してきました。この分野は玉石混淆(ぎょくせきこんこう)でまがいものも多いため、慎重に対象を選ばなくてはなりません。まさに本物を探り当てる眼力が問われることになります。

ありがたいのは、ここ10年ほどのあいだに、スピリチュアルな物事に対する世間の見方が大きく変化し、事実は事実として受け入れようという考え方が広がってきたことです。

よく科学的か非科学的かという議論がなされるジャンルでもあります。気をつけなくてはならないのは、30年前に「科学的」といわれていたことで、現在では「非科学的」と判明していることがいかに多いかという事実です。逆もまた無数にあります。

今の「科学的」というのは、「現時点で科学的と見られている」という言葉に転換しておく必要があります。悲しいことに、**どの時代でも「今の科学」というメジャーが、測る**

対象に対して、ときに短すぎる場合が少なからずあるのです。今のメジャーでとらえられないという理由で「非科学的」と断じるとすれば、それこそ非科学的な態度だということになるでしょう。

大切なのは、事実の前に謙虚に首（こうべ）を垂れる姿勢だと思います。物質と意識についての関係も、量子力学の飛躍的な進歩により、認識の変換が迫られていると聞いています。最先端の知見を貪欲に学びながら、本物を見極める目を磨き続けたいものです。

郵便はがき

料金受取人払郵便

新宿北局承認

8503

差出有効期間
2022年3月
31日まで
切手を貼らずに
お出しください。

169-8790

154

東京都新宿区
高田馬場2-16-11
高田馬場216ビル5F

サンマーク出版愛読者係行

ご住所	〒 都道府県	
フリガナ		☎
お名前		(　　　)
電子メールアドレス		

ご記入されたご住所、お名前、メールアドレスなどは企画の参考、企画用アンケートの依頼、および商品情報の案内の目的にのみ使用するもので、他の目的では使用いたしません。
尚、下記をご希望の方には無料で郵送いたしますので、□欄に✓印を記入し投函して下さい。
□サンマーク出版発行図書目録

■お買い求めいただいた本の名。

■本書をお読みになった感想。

■お買い求めになった書店名。

市・区・郡　　　　町・村　　　　書店

■本書をお買い求めになった動機は?

・書店で見て　　　・人にすすめられて
・新聞広告を見て（朝日・読売・毎日・日経・その他＝　　　）
・雑誌広告を見て（掲載誌＝　　　）
・その他（　　　）

購読ありがとうございます。今後の出版物の参考とさせていただきますので、記のアンケートにお答えください。**抽選で毎月10名の方に図書カード（1000円）をお送りします。**なお、ご記入いただいた個人情報以外のデータは編集資料他、広告に使用させていただく場合がございます。

■下記、ご記入お願いします。

ご職業	1 会社員（業種　）	2 自営業（業種　）
	3 公務員（職種　）	4 学生（中・高・高専・大・専門・院）
	5 主婦	6 その他（　）

性別	男　・　女	年齢	歳

ームページ　http://www.sunmark.co.jp　ご協力ありがとうございました。

第3章

「首から上」で仕事をするな

戦う編集者たれ

著者が書きたい本と、読者が読みたい本は違う

エネルギーの高い本、エネルギーの込められた本を作るためには、編集者はどうすればいいか。これは本に限らず、ものづくり、商品づくりを担う制作者に、共通していえることかもしれません。それは、戦うことです。

私は、**「戦う編集者たれ」「編集は格闘技、泥んこの中からしか本物は生まれない」**と言い続けてきました。

企画もそうですし、原稿もそう、見出しもタイトルも、戦うことによってベストなものをめざす。懸命にエネルギーを吹き込ませる。それができれば、素晴らしい本になる。しかし、できなかったら、見向きもされない本になってしまう。

戦うといっても、編集者のエゴのために戦うということではありません。読者にとって本当にいい本は何か、そこをしっかり考えないといけないということです。

わかりやすい例を挙げれば、往々にしてありがちなのが、これです。

「著者が書きたい本と、読者が読みたい本は違う」

よくあるのです。だから、編集者は「読者が読みたい本はこうなんだ」という定見を持ち、著者と戦っていかなければなりません。あくまで、読者の側に立った本づくりをしていくということ。それを、著者といっしょに作り上げていく。

著者候補になりうる方は、やはりその領域でトップの方であったり、一芸に秀でた方であったりします。大変なコンテンツを持っている。しかし、では本を書ける力を持っているのかというと、必ずしもそうではない。ましてや読者がどんな内容の、どんな方向性を持った本を待ち望んでいるかといったことまでは、なかなか思いが及ばないのが普通です。

素晴らしいコンテンツを持っていても、読者がどうとらえるか、読者がそのコンテンツの中のどの部分を求めているのか、という視点が抜け落ちてしまっていることは多い。もちろん、持っている人もいますが、それは極めて少ない。こう書かれていれば読者に届く、ということは、なかなかわかるものではありません。

だから編集者が、その役割を担わないといけないのです。

いいコンテンツがあれば、書く力はカバーできる

小説やフィクションなどの文芸作品は、企画の方向性は別として、原稿自体は全面的に著者の筆力にゆだねるべき筋合いのものです。しかし、それ以外の多くのジャンルでは、著者が読者にとって価値の高いコンテンツを提供できる人であれば、その人に書く力が十分に備わっていなくても、問題ありません。

むしろ本を書く仕事を専門にしているブックライターに取材をもとにして書いてもらうことで、本人が書いた以上に、本人が思ってもみないほどに本人らしい原稿になることも少なくない。こう書かれていれば読者に届く、ということを編集者とブックライターがわかっているからです。

例えば、ミリオンセラーとなった養老孟司さんの『バカの壁』（新潮新書）は、ブックライターの協力を得て、取材によって本づくりをしたことが明言されています。それによって難解さがぬぐえて著者の発想が伸びやかに表現された好例だといえます。

本づくりというのは、ゼロからものを作る仕事です。なのに、作り手側が著者に「あなたにすべて任せます」では、残念ながらゼロからものを作ることにはなりません。

とりわけビジネス書や自己啓発書、実用書などにおいては、先にも書いた**「それを読むことによって、読者自身が変われる」**ことが重要になる。したがって、読者がどう受け止めるかという観点を忘れてはならないのです。

そういう本を著者といっしょに作り上げていく。それによって読者を獲得する。そここそ、この仕事の面白さがあります。編集者主導型、出版社主導型の本づくりがいかにできるか、ということです。

そうなると、ときには著者とぶつかることもあります。著者が作りたい本とは、ちょっと違うものになるかもしれない。そこでいかに負けずに読者目線を貫けるか、が問われてくるのです。

取材の途中で、「それは読者が聞きたい話ではない」と遮らなければいけないことも出てくるかもしれません。本当に求められているものを追求して、ガチンコ勝負していくということです。

もちろん避けたいことですが、最終的には私は決裂も覚悟すべきだと思っています。もちろんプロとしてはちゃんと着地させないといけませんが、最終的に折り合わなくなって本を出さない、という選択もないわけではないと考えています。

その覚悟を持って臨めるか。このくらいの気持ちがなければ、著者を動かすことはできないと思うのです。

装幀家に300分の1の仕事をされてはたまらない

また、こういうこともよく言います。

「装幀家に300分の1の仕事をされてはたまらない」

人気のある装幀家には、年間300冊、人によっては500冊くらいの装幀依頼が舞い込みます。編集者も、それを承知で依頼するわけですが、精魂込めた企画に対して「300分の1」というスタンスで仕事をされては、たまらないわけです。

そこで、これぞという企画の場合は、何か月も前から装幀家に「魂を込めてやってほしいと伝えよう」と言っています。

そして装幀でも、やはりバトルは起こります。デザイナーはプロです。ご自身も強い考えを持っているし、一家言ある人も多い。だから、ここで火花が散ることもある。有名な装幀家に対して、「これは違う」と突き返せるかどうか。「もう一案ください」とお願いできるかどうか。

一口に装幀といっても、編集者にイメージがかなり強くある場合、そうでない場合、いろいろあります。本によって、どうやってお願いするかを変えていかないといけません。しかも、言葉やロジックで説明するのは、極めて難しいのがデザインです。

読者は0・5秒で見分けるのが装幀。感性に訴えかける部分だけに、ガチガチに論理的に依頼してても、なかなかうまくはいきません。いわゆるノンバーバル・コミュニケーションも含めて、懸命に「こうしてほしい」と伝えていくしかない。

ごく稀なことですが、当初予定していた装幀家とは、どうしても折り合いがつかず、別の装幀家に交代してもらうこともあります。そのくらい戦わなければいけないと私は思っています。

もちろん、それでは装幀家の方に迷惑をかける結果になるので、ほめられたことではありません。ただ、「あえてそれも辞さず」という強い思いが欠かせないのです。やわらかくいうと、**「上手に戦いなさい」**ということになるのかもしれません。

人間は「首から上」より「首から下」

「雨の日、風の日、訪問日和」

頭を使って仕事をするのも大事なことです。しかし、頭だけで仕事をしていても、うまくはいかない、ということは知っておかなければいけないことです。実際、これを理解していなくて、人生がうまくいかない人がたくさんいます。

だから、私がよく言うのが、人間は**「首から上」より「首から下」**、という言葉でした。首から上の頭で仕事をしようとするのではなく、むしろ首から下で仕事をしよう、と。足を使う。手を使う。肝を使う。心臓を使う。度胸と行動力を使う。

最もやってはいけないのは、会社の看板で仕事をすることです。会社の知名度や規模を背景にして、相手の納得感を引き出せると計算して仕事をする。これは、「首から上」の典型だと思います。そんなことで成果が上がるわけもない。

先にも書きましたが、私がサンマーク出版の前身の会社に入ったとき、出版社としての知名度はゼロでした。看板も何もなかった。うちから本を出してほしい、と著者を口説くのにも苦労しました。繰り返しになりますが、電話1本、手紙1通にも細心の注意を払いました。ただ、それによって、ずいぶん磨かれた。看板で仕事ができなかったからです。

櫻井秀勲さんから教えてもらった、講談社の創業者・野間清治さんの言葉があります。

「雨の日、風の日、訪問日和」

編集者や営業スタッフは、雨の日や風の日にこそ著者や書店を訪問せよ、というのです。これは、まさにそうだと思いました。誰でも、雨の日や風の日には行きたがらないものです。でも、著者や書店からすれば、どう受け止められるでしょうか。雨の日に、びしょびしょになるのもいとわず、わざわざ来てくれたということで、ありがたく思ってくださるかもしれない。

やはり人間心理の妙を突いたものだと思います。この言葉は半世紀以上も前のものですが、どれだけ月日が経(た)っても、人間心理は変わらないものです。

「ベストセラー出版社から、本は出さん」と言われたが

「首から下」の仕事で、今も印象深く覚えている本があります。1998年に刊行になった坂村真民さんの『詩集　念ずれば花ひらく』です。サンマーク出版で詩集を出したのは、このときが初めてでした。

坂村さんは国民詩人と呼ばれていました。その詩は極めて平易なのですが、とても深いのです。タイトルになった「念ずれば花ひらく」も有名な詩ですし、「二度とない人生だから」という作品もよく知られています。全国の各都道府県すべてに詩碑が立っているという稀有(けう)な詩人です。

自選詩集を別の出版社から出されていて、あるきっかけでそれを読みました。そうすると興味が湧いて、他の詩集やエッセイも取り寄せてしまい、結局すべて読みました。

それでも収まりきらなくなり、今度は周囲の人にも知ってもらいたくなって、自選詩集を自分でたくさん買って配り始めてしまったのです。ほぼ同時期に『詩魂の源流』（紀伊國屋書店）という素晴らしいＤＶＤ作品があると教えてくれたのが、編集者の斎藤竜哉でした。

それで彼との間で、こんな話が出てきたのです。

「実にいい作品が多いけれども、真に決定的な本ってないよね」

それまで坂村さんの本を作るなどということはまったく考えずに、いいものだから、と著作を周囲に渡していたところから、「じゃあ、僕らで作ろうか」ということになったのです。

それで坂村さんにお願いに伺ったところ、こう一喝されました。

「大きな広告を打って大量に本を売るようなベストセラー出版社から、本は出さん」

坂村さんにとっては、サンマーク出版はそういう印象だったようでした。「申し訳ありません」とその場は退散したのですが、そこで簡単に諦めてしまうわれわれではありません。まさに「首から下」の仕事にこだわっていったのです。

手紙はいったい何度、書いたかわかりません。斎藤は直接、何度も坂村さんのところに伺いました。そうやって足かけ2年にわたって、われわれの思いを伝え続けました。そうするうちに、坂村さんご本人からなんとお手紙をいただいたのです。

これが、墨跡麗しい巻き手紙で、そこには「次の時代を担う若い人々にも伝えたいので、いっしょにやりましょう」とお許しの言葉が書かれていました。このときは、斎藤といっしょに小躍りして喜んだのを覚えています。

坂村さんは、高校野球をよく見ておられたそうです。それもあって、若い人にも自分の詩を広めていきたい、という気持ちが強くなったそうです。「念ずれば花ひらく」という思いを若い人にも持ってほしい、と。それで、許可をいただけたのです。

詩の選定に際しては、それまでの全作品、1万篇（へん）くらいあるものを、全著作も合わせて集めました。それを段ボール1箱に詰めて、私が当時、ときどき行っていた信州・山田牧場の山荘に送りました。都会の雑踏に近い事務所でやるような仕事ではないと考えたからです。

それから斎藤と2人でその山荘に3日3晩滞在し、食事をしているときと寝るとき以外は、ずっと坂村さんの詩を読んで過ごしました。詩が夢にも出てくるほどでした。

そうやって完成したのが、『詩集　念ずれば花ひらく』『詩集　二度とない人生だから』『詩集　宇宙のまなざし』の詩集3部作でした。刊行後20年以上経ちましたが、いまだに毎年版を重ねながらシリーズで15万部を超え、詩集としては異例のロングセラーとなっています。

圧倒的な「量」が「質」へと転化する

会社の前に立つだけで業績がわかる

これまでたくさんの猛烈なエネルギーを持つ著者と仕事をさせてもらってきて、感じたことがあります。それは、**圧倒的な「量」は「質」へと転化する**ということです。

数多くのものを見てこられた著者は、本当に量が質に転化している。桁違いに多くの体験をすれば、目に見えないものが見えてくる。――そういう印象があるのです。

前述したように船井幸雄先生は、経営コンサルタントとして、まさに桁違いの数の会社を見てこられた方ですが、こんなことを言われていました。

「植木さん、その会社の前に立つだけで、社内に入らなくても、業績がよいか悪いかがわかるんですよ」

最初は、とんでもないことだと思いました。しかし、次の瞬間には、実際に何万社もの会社を指導されていると、こんなふうになるのだろうと、妙に納得してしまったのを覚えています。

『病気にならない生き方』の著者、新谷弘実さんは大腸の専門家で、内視鏡手術の世界的な権威です。これまで何万人もの方々の腸を見てこられていました。新谷さんも、私の目の前ではっきりこう言われました。

「植木さん、私はその人が目の前に立っただけで、内視鏡を入れなくても腸の状態がわかるんです」

これもまた、とんでもないことだと思いました。ありえない、という人もいるかもしれませんが、私は新谷さんの顔から偽りのないことを直感しました。やはり万単位で真剣に対象に接していると、確実に量が質に転化していく。圧倒的な量を経験していると、目に見えないものが見えてくるということです。そして、優れた著者というものは、そういうエネルギーを内に秘めているものです。

だから、われわれも少しでもそこに近づいていかないといけない、と考えてきました。もちろんすぐに「万単位」ができるわけではない。しかし、圧倒的な量にこだわる。そうすることで、著者のエネルギーに一歩でも二歩でも近づくことができる。間違っても、お手軽に簡単に動いたりしてはいけないということです。

そこにこだわって動いた象徴的な仕事が、ミリオンセラーになった稲盛和夫さんの『生き方』でした。この本は、稲盛さんに最初にコンタクトしてから刊行に至るまで、7年もの歳月がかかっています。そして、これを企画編集したのが、坂村真民さんの詩集を作った斎藤竜哉でした。

刊行の了解をもらう前に膨大な量の会報を読み込む

彼は新卒でサンマーク出版に入社しましたが、数年はかなり苦労していたようです。ヒットが出る前の彼は、しばらくのあいだ、鏡で自分を見ながら、自分自身に語りかけるように、「自分にも、絶対、ヒット作が、作れる」「自分にも、絶対、ヒット作が、作れる」と、何度も何度も繰り返していたそうです。

それも後に会社説明会で、学生の皆さんにそんな話をするのを聞いて、ああ彼にもそういう苦労があったのかと知ったのでした。その彼が、ミリオンセラーになった『生き方』を手がけたのです。

実は、稲盛さんの了解が取れる前の段階で、われわれが考えて動いたことがあります。

それは、稲盛さんの書いてこられた本を全部読むというのは当然のこととして、それ以外にも圧倒的な「量」を追いかけることでした。

稲盛さんは全国の経営者が集まる私塾「盛和塾」を主宰されていて、当時4000名以上の経営者が加入されていました。その盛和塾の会報が70冊近く、他の著作も入れると、段ボール1箱分くらいあったのです。

本の企画を練るにあたり、斎藤はホテルにカンヅメになって、この段ボール箱一杯の資料を何日もかけて全部読み込みました。その後で、どういう本にするのかというイメージを固め、どういう文体で稲盛さんに書いてもらうのかということを練り、項目も出していったのです。

まだ、稲盛さんから企画自体についての了解はもらっていない段階です。なのに、われわれは相当のコストとエネルギーをかけて動き出してしまったのでした。

先方に断られたらリスクになるではないか、と普通は思われるかもしれません。しかし、もし仮に断られたとしても、そこで会報を全部読んだり、稲盛思想について徹底的に学んだりしたことは、きっと将来、**担当編集者個人にとってのみならず、会社にとっても大きなプラスになる**に違いないと私は考えたのでした。

すごい人には、企画書1枚でもわかる

一方で私の中では、ひとつの確信がありました。きっと稲盛さんには、わかるに違いない、ということです。著作をすべて読み込むだけでなく、盛和塾の会報まですべて読んだことが、です。すごい人には、企画書1枚でもわかるのです。目に見えないものも、見える人たちなのです。

結果的に、その後しばらくして「やりましょう」という返事をいただいたのでした。稲盛さんのご著書は、それまで比較的、経営的な話だったり、あるジャンルに特化したりしたような内容の本が多かった。

そこで、やらせていただく以上は、多くの方に読んでもらえる、代表作になるような本を作りたい、と提案して了解をいただき、社をあげて取り組みを進めました。

幸運なことに、刊行後、足かけ10年という長い月日を経た末に、ミリオンセラーへと結実していきました。盛和塾の塾生の皆さんをはじめ、多くの方々に支援していただいたおかげですが、**時間をかけること、労力をかけることをいとわずに、「ど真剣に」本づくりと向き合ったこと**も大きかったかもしれません。

『生き方』の完成を、稲盛さんは心から喜んでくださいました。これは自分の代表作になった、と直接言われたときは、本当にうれしかった。そして、ありえないことに、稲盛さんのほうから、いかがですか、と一席設けてくださったのです。

日本を代表する経営者です。私は本を作らせていただいた出版社の社長というだけです。そんな人間が、稲盛さんのような人の誘いを受けていっしょに食事をする。こんな機会をもらえる人は、日本にどのくらいいるのか。なんという幸運かと思いました。

さすがに緊張しました。そんな私を見て、稲盛さんは真っ先にこう聞かれました。

「植木さんは、お酒は飲まれますか？」

びっくりしましたが、

「はい、嫌いじゃないです」と答えると、満面に笑みを浮かべてこうおっしゃいました。

「そうか、よかった！」

右手を私のグラスへと差し伸べられ、左手を私の肩に置きながら、お酒を注いでくださったのです。あの稲盛さんが、です。しかも、ごくごく自然体でした。経営者はよく、人に惚れられる人間になれ、といわれます。なるほど、こういうことなのか、と強烈に思ったのを今でも覚えています。

偉大な経営者の凄みを、改めて目の前で実感した、貴重な体験でした。

砂浜に砂金が隠れている

『いのちのまつり』のありえない偶然

今は原則としてお受けしないことにしていますが、かつては年間600件くらいの企画や原稿の持ち込みがありました。それを若い編集者数人が持ち回りで見るようにしていました。

そのときにいつも言っていたのが、**「砂浜に砂金が隠れている」**でした。一方的に送りつけられてくるものがほとんどというせいもあって、たしかに箸にも棒にもかからない原稿が多いのですが、その中に「砂金」ともいえる力作が隠れていたりするのです。

実際、それを見逃してしまったために、他社から出版され、ヒットしたこともありました。油断できないのです。砂浜の中にキラリと光る砂金に、いかに早く気づけるかが問われます。

これは、持ち込み原稿に限りません。いろいろな場面で、「砂金」に出くわすチャンスはあるのです。

例えば、2004年に刊行され、24万部を超えるベスト&ロングセラーとなった絵本『いのちのまつり』は、もともと作者の草場一壽(かずひさ)さんが、佐賀県で自費出版されていたものでした。一人の子どもがこの世に生まれるためには、何世代をも超えた無数の先祖の連なりという深い縁がなくてはならないことを、平安座資尚(もとなお)さんの親しみやすい絵で伝えた「仕掛け絵本」です。

たまたま同じ佐賀県に住んでいた知人が、この自費出版された本を私のところに送ってきてくれました。自費出版のものも、持ち込み原稿と同様、商業出版にまで持っていけるレベルのものは数少ないのですが、この本は違いました。親しみやすい絵と平易な文章で、深い真理をわかりやすく伝えています。素晴らしい出来栄えでした。

それで、鈴木七沖に声をかけました。こういう本が好きな編集者だったからです。すると、なんと彼のところにも、知り合いの漫画家さんから「これは絶対に君に合うよ」と言われて、1週間前に送られてきた、というのです。

時を同じくして、まったく別のルートから小さな会社の2人に本が送られてきた。これは、**「出版しなさい」という天の思し召し**だと私は思いました。鈴木も「子どもたちのためになる本だ」と、すぐに感じたといいます。

それで刊行を決めたところ、大きなヒットになったのでした。しかも、小学校の道徳の副読本だけでなく、教科書そのものにも掲載されるなどして、今もロングセラーを続けています。

目立たないけれど、世のため人のためになる取り組みをしている人はたくさんいます。マザー・テレサは世界的に有名になりましたが、私は**世界には無数の、小さなマザー・テレサがいる**と思っています。だから、常にアンテナを立てておくことが大切になる。

また、今はそうでもない人が、後に大きな価値を生み出していくかもしれない。だから、その片鱗に気づけるかどうかが、編集者には問われてきます。

実は私自身が、「砂金」が指の間から流れ落ちているのに気づいていないのではないか――と、ときどき不安にかられているのです。

有名人、はじめはみんな無名人

初めての本がベストセラーになる理由とは？

この**「有名人、はじめはみんな無名人」**というのは、わりあい気に入っている言葉です。というのも有名人といっても、なにもはじめから有名人だったわけではないからです。もともとは無名で、なにかのきっかけや理由があって有名人になったわけです。

ここが案外盲点で、長く活躍している人は、もともと有名人だったような気がするので不思議です。

名前やブランドが本の売れ行きを左右するとしたら、やはり有名人に本を書いてもらうほうが有利ではないか、という考え方もありますが、必ずしもそうとはいえないと、私は見ています。

「本はエネルギーだ」といってきました。有名人で何冊も著書があるような方は、本のエネルギーも分散してしまいます。それに同工異曲のものが続いたりして、陳腐化は避けられない。そうなると、「エネルギー論」からいっても、逆にハンデを負っているという見方すらできる。

そもそも、新しい本を刊行するということは、**新しい「価値の創出」**になっていないといけないわけです。どれだけ高い価値を提供できるかが勝負だとすると、これまでなかった価値観を提示してくれる、エネルギー量の大きな「無名人」にまさるものはないともいえるのです。

ゼロから1を生む、そしてそれを最大化するのがわれわれの仕事だとすると、力量のある「無名人」を見出して新しい価値を創出し、それを国内ばかりか世界へと届けることくらいすごい仕事はないし、ワクワクすることもないのではないでしょうか？

これが「書籍」という範疇だけで考えるのではなくて、**「コンテンツの価値を最大化する」**という考え方に立てば、従来になかった面白い試みが可能になるし、出版業界の様相も変わってくるかもしれません。

これまでも小説の世界では、最初の作品にその作家のすべてが詰まっている、とよくいわれてきました。これはなにも小説に限ることではなくて、ビジネス書や自己啓発書の分野でも同様です。新しい風をまとった本物のエネルギーが世間を席巻し、大ヒットにつながるのです。

それは、その著者がずっと蓄えてきたものが、最初の著書で一気に爆発するからです。「初めて」にエネルギーは宿るのです。

ミリオンセラーの光と影

「有名人、はじめはみんな無名人」と並んで、私がときどき使う言葉に**「有名無力、無名有力」**というものがあります。

有名であっても、必ずしも有力であるとは限らないし、たとえ以前有力であったとしても、そこに安住していれば、またたく間に無力になります。言葉をかえると、たとえ高名な先生でも、取材者や聞き手にとって納得のいかないことは、遠慮なくどんどん質問を投げかけるべきだということです。

一方で、世の中は広く多様です。「砂浜に砂金」ではないですが、無名の人の中に、とんでもなく力のある人がいる。そういう人と、どれくらい深いご縁を結べるかが、人生を決める場合もあるのです。それはなにも編集者にとってだけのことではありません。

要するに、有名無名と力のあるなしにおいては、あまり関係がないと考えていたほうがいいのです。

役職や肩書、あるいは大学名や企業名と同じで、そこを自らのゴールでありアイデンティティーであると思っている人は、そこにしがみついて自分自身を高める努力をしなくなります。究極の「看板人間」で、理由もなく威張る人です。

無名から有名になったとしても、**「有名であること自体に価値はない」**と考えて、日々精進していけるかどうかが大切です。

第1章の「過去はオール善」のところで「いいことは本当にいいことなのか、悪いことは本当に悪いことなのか」という内容に触れましたが、その思いは、絶えず私の頭の中を駆け巡っています。

「宝くじで何億円も当たった人の大半は不幸になる」といわれています。もしかしたら大ベストセラーを書いて有名になった著者にも、これは当てはまるかもしれません。ミリオンセラー作家にも、そういう危機が忍び寄るものです。

ベストセラー、ミリオンセラーの著者を多く輩出してきた版元の代表がこんなことをいうと、「不適切だ」とのそしりも免れないかもしれませんが、数多くの体験があるからこそ、断言できるのです。

実際に、これまで90分3万円だった講演料が、ときとして20倍、30倍に跳ね上がるのです。そうなると、おかしなことに「そんなにいらない」ではなく、「もっと、もっと」と強欲になってしまう。

どこに出かけても、周囲に人が集まってサインを求められ、もてはやされる。知らず知らずのうちにお金遣いも荒くなり、他人への態度も横柄になる。驕(おご)りが転落を早めます。というか、普通の人なら間違いなく、おかしくなってしまうのです。

もともと継続して、高く大きいステージで活躍されてきた方は、ミリオンセラーが出たくらいでは、びくともしません。ところが、無名から有名へと急激にステージが変化した人は、よほど振る舞いに気をつけて、謙虚さと感謝の心、「世のため人のため」という思いを持ち続けないと、お定まりの「暗転コース」が待っているのです。

「成功もまたひとつの試練である」……これは稲盛和夫さんの言葉です。仕事柄多くの金言・名言に接する機会は多いのですが、成功と失敗をめぐって、これほどまでに深みのある言葉は、寡聞にして知りません。もしかしたら、成功が最大の試練だということになるのでしょうか?

この項では、初めての本がベストセラーになるという光の部分と、ミリオンセラー作家がつまずいて転落する影の部分を合わせて考えてみました。山高ければ谷深し、禍福は糾える縄の如し、人間万事塞翁が馬。いくつもの格言が浮かんでは消えます。

わかりやすさこそ真理

一流の人は、難しいことをやさしく伝える

われわれの本づくりの方針のひとつに、「わかりやすさ」があります。これは、とても大事なことだと私は思っています。真理は、わかりやすさの中にあるのです。

言葉をかえて、**「真理はひらがな」**などと言ったりもしています。

やさしく書かれているよりも、難しく書かれていたほうが、なんだか賢そうに見えると考える人もいるようですが、それは間違っているのではないか。

私が日頃よく言っているのは、こういうことです。

「一流の人は、難しいことをやさしく伝える。二流の人は、難しいことを難しく伝える。三流の人は、やさしいことを難しく伝える」

これはなにも講演や論文などに限ったことではありません。言葉の芸術である詩の世界でも同様です。

実際、本当に素敵な詩は、平易で深いものです。わかりやすくて、やさしいから浅いのか、といえば、そんなことはまったくない。やさしくて深い、という世界があるのです。

先ほど触れた坂村真民さんの『詩集　念ずれば花ひらく』の中に「桃咲く」と題した、数行の詩があります。

桃

咲く

病いが

また一つの世界を

ひらいてくれた

この詩は、私の大好きな詩です。「深いことをやさしく」を体現した、素敵な作品だと感じています。

深いことをやさしく伝えるというのは、簡単なことではありません。だから、表現を工夫し、言葉を選ばなくてはならない。ときには複雑なことを解きほぐして伝えるような努力をしなければいけない。平易で読みやすいけれど深い。そういう本をめざしたいのです。

日経新聞の「私の履歴書」は人気の連載で、読んでいる人も少なくないと思います。月初に始まり、月末に終わるというサイクルですが、実のところ、とても面白いときと、そうでもないときがある。

私は、その月の連載が面白いか面白くないかを、1回目で見分けるコツを心得ています。それは何かというと、漢字の多さです。

漢字が多いということは、固有名詞が多いということです。「自分はどこの地方の誰の子どもで、親族には……」などというように固有名詞だらけで始まると、たいがいダメと判断したほうがいい。読者は、人物の出身や肩書といった「外側」よりも「中身」に関心があるので、際立ったエピソードから入ったほうが面白いし、わかりやすいのです。

今でも覚えていますが、囲碁の名誉棋聖だった故・藤沢秀行さんの「私の履歴書」1回目は衝撃的でした。

「私には何人兄弟がいるかわからない」

こんな話から始まったのです。父親に何人も愛人がいて、自分も愛人の子だから、何人兄弟がいるかわからない、と正直に伝えたわけです。

本人も酒、ギャンブル、女性関係と破天荒な生き方をして「最後の無頼派」といわれたそうですが、後進の指導には労を惜しまなかったとか。これこそ、漢字の世界ではなく、まさにひらがな、カタカナの世界です。わかりやすく深いし、何より単純に面白い。

実際、この連載は一気に読まされただけでなく、1か月分をすべてコピーして保存した記憶があります。言ってみれば、自分のマイナスをさらけ出すところから始まる。難しいことを言おうとしたり、自分を大きく見せようとしたりすることとは、真逆なのです。

一方、ちょうど半世紀も前に刊行された本ですが、梅棹忠夫さんのミリオンセラーに『知的生産の技術』（岩波新書）があります。一見、難しそうなテーマの本ですが、ページを開けば、ひらがなが多い。何よりも、受け手に届いてこその情報、という著者の信念を強く感じたことを覚えています。その**やさしさ、わかりやすさにこそ、凄みを感じます。**

やはり「真理はひらがな」なのです。

何がいいたい本なのか

本づくりは旗幟鮮明にして、深く掘り下げていく作業

本を作る際に、忘れてはならないことがあります。

それは、本を作るのは、ある特定のジャンルや著者の得意とする分野のことを深く掘り下げていく作業だということです。錐(きり)で穴をあけるように、あるひとつのジャンルのことをずっと深く掘り下げていく。

雑誌は専門誌と一般誌に分かれますが、一般誌の場合は色でたとえると、その中に赤があったり、黄色があったり、黒があったりしてもいい。雑誌はやはり多色です。

しかし、本の場合は、「赤も黄色も黒もあるかもしれない。でも、この本は青について語られたものなんだ」「青のことだけに限定して伝えている本なんだ」ということが明確になっていないといけない。旗幟鮮明にして、**「この本は青のことについていっているので、黄色のことには触れません」**といった切り口が大事になるのです。

ひとつのこと、ある程度、狭いジャンルのことを深く深く掘り下げていく。これがうまくいけば、本にしっかりとエネルギーが注ぎ込まれ、読者にも色が伝わっていきます。

実際に、過去の大ヒットを見ると、びっくりするような一点にタイトルを絞った、限定した訴え方をするものが売れていたりします。例えば、『完全自殺マニュアル』（太田出版）。これが本になるのか、サンマーク出版からは出せないな、と正直、私は思いましたが、賛否両論あったものの大ヒットしました。一点突破、ここまでやるのか、という偏執狂的な取り組みをした結果、ヒットしたと感じました。最近では『うんこドリル』（文響社）などがいい例になるかもしれません。

『ツルはなぜ一本足で眠るのか』（草思社）も、鶴のことだけを書いているのではなく、動物全般について書いているのですが、象徴的なメッセージがタイトルになって、これを面白いと感じる読者に投げかけています。

『さおだけ屋はなぜ潰れないのか？』（光文社新書）というのも、マーケティングの本ですが、さおだけ屋というものをひとつのシンボルとして掲げ、著者の論点を狭い一点に凝縮させた構成にして成功している。タイトルで成功した例でもありますが、本の守備範囲をちゃんとわきまえて、錐のように穴をあけていった。逆にいえば、それができる著者が書いた本は面白くなる可能性があるということです。

単行本というものは「何がいいたいのか」が明確に示され、それが読者に共感なり感動なりをともなって受け止めてもらえるかどうかに尽きます。

「ワンメッセージ」が成否を決するのです。

盛りだくさんは売れない

傍線が1か所引けるだけでいい

一冊の本には、一定の厚さがあります。本一冊を作るには、それなりの情報量がなければいけない、というのも事実です。しかし、だからといって、盛りだくさんにいろんなことを入れ込もうとすると、うまくいきません。

読者にメッセージを伝えるには、あの話も言っておかなくちゃ、これも言っておかなくちゃ、ということになってしまいがちです。そうではなくて、極論すれば、本を一冊読んで、傍線が1本引ければいい、くらいに考えてもいいのです。

こんなふうにいうと、一冊の本を書き下ろそうと考えている方は、ちょっと力が抜けてしまうかもしれません。ただ、私自身の体験でも、この1行があっただけでよかったと、本を読んでいて思えることがあります。それだけである程度、満足できてしまうのです。なるほどな、これはあまり聞いたことがなくてとても参考になる、明日からやってみよう――。そういうところがあれば、やはり傍線を引きたくなるもの。これが1か所あればいい。本はある意味、そういうものでもあると思うのです。

それは、**語るべきものを徹底的に磨く**、ということでもあります。深めていく。強めていく。著者自身、あるいは編集者との共同作業で、そこを固めていくことがとても大事なのです。

読者は、これまで見たり聞いたりしたことがないようなものに触れたいのです。絶えず無意識のうちに、驚きを探しているのです。

ただし、新しければいいわけでもない。いたずらに新奇な方向をめざしても、背景のないものは一瞬にして見抜かれます。むしろ、変えてよいものと変えてはいけないものをきちんと区分けすることです。われわれは、新しい挑戦もしますが、意外と王道をやっているだけ、ともよくいわれます。

いわゆる、不易流行です。これはものづくりに不可欠な概念だと考えています。本質的な部分で一番大事なことをちゃんと押さえる。その上で、そのときの風をまとう。その時代の風、空気をまとうのです。そういうものを、読者は求めているのだと思います。

「驚き」を生むタイトルになっているか

2年にわたって在宅勤務をした編集者

先に**「大ヒットする書籍に共通する5つの要素」**をご紹介しましたが、その1番目にあったのが、**「驚きを生むタイトルになっているか」**でした。

本の場合、やはりタイトルは極めて重要です。読者はまずタイトルから入ってくるためです。そこに驚きや新しさ、発見のようなものがなければ、なかなか手には取ってもらえない。

ですから、タイトルづくりは編集者の極めて重要な仕事になりますし、最終決定には決断が求められます。私は社長になってしばらくして企画会議には出なくなったのですが、タイトルについては長年、最終的に決裁をしていました。それでも、この5年ほどは各編集長に任せるようにしています。

どうして会議に出なくなったのかといえば、編集者はやはり社長にあれこれ口出しされたくないと考えたからです。私も編集者でしたから、よくわかります。だから、裁量権を与えて任せたほうがいいのです。

本の企画の段階ではタイトルは正式に決まっていないことがほとんどです。企画を進めていく中で、編集者が知恵を絞る。そして決まってからも、あれやこれやと悩みます。

タイトルといえば、忘れられないエピソードがあります。2003年に刊行され、67万部を超えるベスト&ロングセラーとなった『「原因」と「結果」の法則』です。担当編集者は鈴木七沖でした。

実は彼はこの本を出す前、奥さんが重い病気にかかっていました。まだ幼い3歳の子どもを抱えて病院を転々とし、最終的には自宅で介護という形になりました。それを聞いて、すぐに在宅勤務で仕事をするよう提案し、彼も受け入れてくれました。

そして2年ほど在宅勤務をして、介護に力を尽くしました。しかし、残念ながら奥さんは亡くなられた。ただ、そのときに彼の中で、自分がやれることは全部やった、という思いが残ったのだそうです。

会社として、社員が困っているときに在宅勤務にするのは当然だろうという考えが私にはあったのですが、彼としては何か会社に恩返しがしたいという強い思いを持ってくれていたようです。

そういうところもひとつの遠因になったのかもしれません。思わぬところで、意外な出会いがあって、この本が生まれるのです。

営業部が血相を変えてタイトル変更に反対

著者のジェームズ・アレンは100年以上前にこの本を書き、母国のイギリス以外では著作権フリーにしていました。全訳しても、それほど分厚くならないボリュームですが、それまで日本国内では短い抄訳が出されているだけでした。

鈴木はたまたま、当時、茨城で翻訳の仕事をしていた坂本貢一さんの自宅に食事に招かれて、よもやま話をしていたのだそうです。それで帰り際になって、「鈴木さん、実はこの本の完訳版をいつか手がけてみたいのです」と坂本さんに切り出されたのでした。

そして、A4サイズで20枚ほどの原稿を渡されました。鈴木は読んで、翌日すぐに私のところに話を持ってきてくれました。私は、その場でゴーサインを出しました。社長になった翌年のことでした。

苦労してきた鈴木が、会社のために、と持ってきてくれたありがたい企画だと感じました。こういう**縁や伏線のようなものは大事にしたほうがいい**のです。

そして本の製作が進み、タイトルも何度か話し合う中で、『「原因」と「結果」の法則』というこの本の内容にピッタリのものに内定し、営業部の評判も上々だったのです。

ところがその後、私の中で迷いが生まれました。女性読者のことを考慮すると、このタイトルではちょっと堅いのではないか、と思ったのです。詳細は忘れてしまったのですが、鈴木とも相談の上、『……の成功法則』のような、今から思えばありきたりでマーケティング的なタイトルに変えようとしたのでした。

カバーのデザインもすでに当初のものから変更する方向で進めていたのですが、「タイトルを変えたい」と営業会議で伝えたところ、営業部のメンバーが全員、血相を変えて怒ったのです。

「タイトルを変えてはいけない。『「原因」と「結果」の法則』でなければ困る」と。こんなことは過去に一度もなかったのです。その剣幕に、私も鈴木も驚きました。営業スタッフたちの気迫に圧倒されつつ、その場でカバー変更を中止して元に戻す指示を出したのは、いうまでもありません。こんな経緯を経て、この本は世に送り出され、17年にも及ぶロングセラー街道を歩むことになったのです。

改めてこの本のカバーをながめてみて感じるのは、やはり『「原因」と「結果」の法則』というタイトルが、営業的な側面からも「驚きを生むタイトルになっていた」ということなのです。

プラスのベクトルで考えろ

マイナスのタイトルの本は売れない

物事をどうとらえるか、というとき、**「マイナスではなく、プラスのベクトルで考える」**ということを私は大切にしてきました。そしてこれを本づくりでも実践するようにしています。

例えば、本のタイトルにしても、マイナスのベクトルのタイトル、マイナスの方向性を持ったタイトルというのは、読者からあまり支持されない。売れないのです。

実際、こんなことがありました。２００９年に刊行の『体温を上げると健康になる』（齋藤真嗣著）は、70万部を超えるベストセラーになりましたが、この本のタイトルは担当編集者だった高橋朋宏が、「体温が低いと病気になる」という案との間で迷っていたのです。

悩ましいところでしたが、メインターゲットは女性ということで、試しに役員は全員、家にタイトルを持ち帰って奥さんに聞いてみよう、ということになりました。

「体温を上げると健康になる」と「体温が低いと病気になる」。圧倒的に支持を得たのは前者でした。後者はひどく不評でした。「病気になる」などと書かれた本は買わない、というのです。結果的に、奥様方の協力が奏功してタイトルは前者に決定、そして本は大きなヒットになりました。

第1章でも触れましたが、タイトルに限らず、プラスのベクトルで考えたり、物事をとらえたりするのは、とても大切なことです。同じ体験をしても、楽しいことをたくさん覚えている人と、辛(つら)かったことをたくさん覚えている人がいます。

もちろん後々の経験のために、辛かったことを記憶しておく、という観点も大切ではあるのですが、私はしんどかったことはできるだけ忘れて、楽しいことをなるべくたくさん覚えて生きていったほうが、いい人生が歩めるのではないかと考えています。

やるかやらないか、というときにも、**積極的に踏み出すほうを選ぶ。そのほうが、プラスのベクトルにつながる。**やらなかった後悔より、やった後悔のほうがいい、というのが私の考え方です。正確な計算などできるはずもありませんが、そのほうが密度の濃い人生になるのではないかと思います。

ＡＩ（人工知能）で8割の人が仕事を奪われる、という話もありますが、プラスのベクトルで見たら、新しいものが生まれて、そこに新しく生まれる職業もあるはずです。また、これまで人類が経験したことのない、変化に富んだ面白い時代に生きられるのを、とてもラッキーだと考えています。

物事は、すべてとらえ方で違って見えてきます。昔、読んだことのある、将棋の内藤國雄九段のエピソードを今もよく覚えています。若い頃から早熟の天才と呼ばれていたが、大事な対局に負けて落ち込んだことがあった。意気消沈している彼に、お母さんがこう言ったのだそうです。

「あなたが負けたおかげで、勝った人が生まれたんやから、ええやないの」

人生はすべて裏表。とらえ方によっては、裏も表になるのです。

夜明け前にタイトル案はやってくる

タイトルを変えただけで、ミリオンセラーに

前述したように、タイトルが本の死命を制することも多いため、編集者は、とにかくベストのタイトルをめざして考え続ける宿命を負っています。私自身も、例えば『脳内革命』のときなどは、取材が始まった直後からずっと、半年近くにわたってタイトルを考え続けました。

仕事中はもちろんですが、休日に川原を散歩したり家でぼんやりしたりしているときも、頭の片隅で無意識に考え続けてしまうのです。そしてよさそうなタイトル案が浮かぶと、編集会議で他の編集者の意見を聞き、また練り直す。こんなことを何度も何度も繰り返して、ようやく着地したのを覚えています。

多くの場合、机の前でああでもない、こうでもない、と考えることは欠かせませんが、その企画への期待値が高いものは特に、それだけでいいタイトル案にたどりつくことはできません。電車に乗っているときも、本を読んでいるときも、風呂でくつろいでいるときも、どこかでタイトルをずっと考えている。**まさに潜在意識の下でも考えている状態を維持する。**

それこそ2週間なのか、1か月なのか、それ以上なのか、わかりませんが、ずっと考え続けていると、**朝まだ夜が明ける前あたりに、枕元にふっとタイトル案が浮かび上がってくる。**それをぐっとつかみなさい、と言っています。そのくらい集中して考え続けないといけないのです。

大事なことは、潜在意識下でどれくらい考えられるか、ということ。そこまで自分を追い込んで、考えに考えていないと、本当にいいタイトルは浮かんできません。

いかにタイトルが大切か、興味深いエピソードがあります。韓国のヒットメーカーでブック21という出版社があります。この会社の社長は年に何度も来日して、日本の本を何十冊も買い、研究されていました。

韓国に行って社長さんと会い、私がタイトルについての持論を語ったところ、「植木さん、たしかにそうだ、当たっている」と言われました。タイトルがいかに大事か、自分たちにも経験がある、と。

以前、ある翻訳書を出したことがあったのだそうです。原題が『YOU Excellent!』。要するに、あなたは素晴らしい、という意味ですが、原題とはまったく違うタイトルで韓国で出版したのです。原書は内容がよくて、社長はとても気に入っていたのですが、残念ながら、まったく売れなかった。

この社長が立派なのは、そこで諦めずに、すでに出した本を思い切って絶版にして、まったく違うタイトルで再度、売り出す決断をしたことです。そのタイトルが、これです。

「クジラもおだてりゃ踊り出す」

とんでもないタイトルを考え出したものです。クジラが立って踊る図が目に浮かびます。しかし、まさに「驚き」のあるタイトルであり、プラスのベクトルのタイトルです。

そして驚嘆すべきは、なんとこの本は韓国でミリオンセラーになったのです。まったく売れなかった本が、タイトルひとつでミリオンを成し遂げたのです。

タイトルがいかに大事か、というひとつの事例です。ただ、もっと大切なのは、この社長が原書の内容に惚れ込んで、「これがヒットしないはずはない」と情熱を燃やし続けたことだと思います。**クリエーター魂が、不可能を可能にする**のです。

と

とことんやり切れば、天は見放さない

「目標達成意欲の高さ」がすべて

プロ野球の名選手・名監督として有名な故・野村克也さんは、高校時代は弱小チームの選手で、南海にテスト生として入団しました。父親を早くに亡くしたため家が貧しく、家族と地元・京丹後の期待を一身に背負ってのプロ入りでした。

ところが当時、毎年優勝争いを繰り広げていた南海で出場機会が少なかったせいもあって、初年度は無安打に終わった。そしてシーズンオフに戦力外通告をされたときに、「ここでクビになると生きていけない。もしそうなったら、南海電車に飛び込んで自殺します」と言ったらしいのです。

こうまで言われてクビを断行できるはずもないわけで、ありえない言葉を吐けるところに、後年に大活躍した野村さんという人間の凄みの萌芽を感じるのは、私だけではないでしょう。

「採用のときに、何を一番重視しますか？」という質問をよくされますが、答えをひとつに絞るとしたら、**「目標達成意欲の高さ」**に尽きると考えています。それを備えている人は、困難に挑むことを苦にしないし、自分で決めたことをとことんやり抜く。「とことんやり抜く」ことを継続できれば、天が味方についてくれるもので、これは、編集者でもプロ野球選手でも変わりません。

人間には教育や研修によって教えられるものと、教えられないものがあって、「目標達成意欲」というものは後者に属するらしいのです。したがって先天的な要素に左右されるか、幼少期からせいぜい10代までの環境によって身につく資質だと思われます。私が順風満帆ということより「難局を乗り越えてきた体験」を重視してきたのも、もしかしたらこうした背景に本能的にセンサーが働いていたせいかもしれません。

「とことんやり抜く」姿勢を持っている人というのは、もちろん学業にそれを発揮する場合もないわけではありませんが、多くはそれ以外のところで対象と出会い、**20歳過ぎまでに成果を上げている**ように見受けられます。

目標達成意欲の高さを測る指標という点でいうと、一芸入試というのも理にかなっているような気がします。一芸に秀でるためには、精神を集中し、誘惑を排除し、とことん対象に没入して自己を律し、かつそれらを継続できる粘り強さを持たなくてはならないのです。**それをなしうる人間は、他のことに取り組んでも並外れた結果を出せる**場合が多いのではないでしょうか。

われわれは多くの優れた人材に恵まれたために、数多くのヒット作にも恵まれてきました。まさに「人がすべて」なのですが、一人ひとりを見ていくと、一芸に秀で、多芸に秀でた人物が多いようです。

高校時代に部長として合唱部を率いて全国優勝、大学時代のゴルフ部でハンデが5、社会人になってからも剣道を続けて六段、さらにはオリジナル曲多数の社内バンドでの活動に至るまで、枚挙にいとまがありません。

どういうわけか、約50名の社員のうち16名がマラソン部に所属してフルマラソン完走者が12名、トライアスロン完走者が2名もいます。私はこれを目標達成意欲の高い集団である証（あかし）だと、期待感を持ってプラスにとらえているのです。

理屈はいつも裏切られる

理屈でものは買わない、好きだから買う

誰でもそうですが、物事を考えるとき、いくつかの事実をもとに筋道を立てていくのが普通です。そうした経験を重ねる中で、その道筋はときとして「理屈」に変容していく。もちろん理屈に添って考えていくのは、文字通り理にかなっているし、納得されやすいものです。ただ、その一方で、理屈がすべてではない、ということも常に頭に置かなければなりません。

理屈を極限まで追い込んだからといって、なかなか正解にはたどりつけない。**「答えはない」ということも含めて理解できていないと、本当に最高のものは生み出せない**のではないかと思っているのです。

100%理詰めでやっていれば何かが解明される、という姿勢でいる限り、特別なものは生まれない。それが私の考え方なのです。

日本経営合理化協会の牟田學さんから、こんな話を聞いたことがあります。学校教育というのは、正しいか正しくないか、で優劣を競ってきました。正しいか正しくないかが判断できれば、いい成績を残せるし、いわゆるいい学校に行くことができた。

ところが、社会に出るとどうなるか。車を買うのに、スカーフを買うのに、正しいか正しくないか、なんて理由では買いません。好きだから買うのです。好きだ、という感性が触発されて購入に結びつくのであり、作り手や売り手はその感性をこそ理解しないといけないわけです。

学校では答えのある設問に対して答える力を試されるのですが、**社会では答えのあるなしにかかわらず、問いかける力のほうが試される。あるいは答えのない問いに七転八倒して苦しみ抜く力が試される。**

要するに、社会は理詰めの世界とはまったく違う構造になっている。学校の勉強ができたからといって、感性が優れていることにはならない。理詰めの世界とはまったく違う、感性で勝負の決まる世界に目を見開かないといけないのです。

そのためには、最高のものを見たり、最高のものを聴いたりすることが求められる。そういうことによってこそ、人は磨かれるのです。

一方でとことん理詰めで攻めていって、対象とするものの真髄にまで至ろうとするベクトルも絶対的に必要でしょう。しかし、それだけでは理屈に裏切られるのです。感性を問うという、両方が必要になります。**車でもスカーフでも書籍でも、人々に「好き」と言ってもらえる道は長く、けわしいのです。**

繰り返し自分の土俵に立ち戻れ

先手をとって自分の土俵に引っ張り込む

作り手として大切にしなければいけないこと。これは「本然」との関わりもあるとは思いますが、大事な場面では自分の土俵に立ち戻る、ということです。そうでないと足をすくわれることが少なくない。

これは、なにも本づくりに限ったことではなくて、人生のどんな局面でも応用できる知恵でもあります。

仕事の話ではないのですが、こんなことがありました。私の一人息子は某私立大学の法学部政治学科を出ているのですが、受験するときに当時、医学部と法学部だけは面接があったのでした。

年頃の息子にあれやこれやなど、私はまったく言わない父親でしたが、そのときだけはアドバイスをしました。

「政治学科だからといって、プロの教授に政治の話題で挑もうとするな」

それよりも、**面接官をいかに自分の土俵に引っ張り込めるか考えなさい**、とだけ伝えたのです。

息子は小学生のとき、縄跳びが得意でした。市の大会で優勝して、県大会でも優勝しました。その記録は、6年以上破られませんでした。その話をしろ、と言いました。

もうひとつ、高校時代に2週間ほど、オックスフォードに留学していました。そのとき、留学生が集まっている場所でYOSHIKI作曲の「Forever Love」をピアノで弾いて、喝采を浴びたという話を私にしてくれていました。この話もしろ、と言いました。

息子は面接で、この2つの話をし、面接官の教授を見事に自分の土俵に引っ張り込んで、合格することができました。ところが聞けば、いっしょに面接を受けた高校生は政治の話を面接で持ち出して、教授にその場でコテンパンにやられて泣き出してしまったそうです。

おかげで私は、「お父さんも、たまにはいいことを言うじゃないの」と日頃の不評を挽回できたわけです。

その後、息子は法科大学院に入り、司法試験合格をめざしました。ほぼ一発で受かる、と言われていたそうなのですが、まさかの2度失敗。当時、受験は3度までという過酷な規定があったので、私たち両親もヒヤヒヤでした。幸いにして3回目に受かったときに私は言いました。

「オレも二浪した。でも、それは今ではいい経験だったと思っている。弁護士になれば、辛い思いをした人がクライアントとしてたくさんやってくる。お前の辛い体験は、そこで生きてくる。これは天の恵みだったと思いなさい」

受かったからいえることかもしれません。でも、それは本心でした。息子は今、弁護士を自分の土俵にして、頑張っているようです。

第4章

全員がヒットを生み出せる仕組み

け

経営はまず社員とその家族のため

社員は会社に貸しを作っている

前述したように、サンマーク出版のミリオンセラーは8冊ありますが、私が編集者として手がけたのは、編集長時代の『脳内革命』と、その続編の『脳内革命②』の2冊だけです。残りの6冊は、社員のみんなが頑張って生み出してくれたものです。

私が、ということではまったくなく、会社全体として大きなヒットを生み出せるような力をつけていけたのだと考えています。そのために、経営者として何をしたのかということについて、この章では語っていきたいと思います。

まず、経営者として大切にしてきたことは、意外に思われるかもしれませんが、ベストセラーをバンバン出せる会社になろう、ということではありませんでした。そうではなく、

社員に報い、寄り添う会社をめざしたい、ということでした。

私自身が、前職から転職をして、いわゆる「ぺーぺー」から仕事をスタートさせ、幸運なことに編集長から取締役になり、そして社長になったわけです。若いときから経営トップになろうなどという思いは一切なく、上司に言いたいことは遠慮なく言う人間だったので、社長になったのはまさに運命のいたずらというしかありません。そういうキャリアを経てきたからかもしれませんが、社員として何をしてもらえたらうれしいか、それをいつも考えるようにしてきました。

実際のところ、会社勤めをしていると、ほとんどの時間を仕事に費やしているわけです。例えば会社支給のものではなく、個人の携帯電話であっても、おそらく7～8割は仕事で使っていると思います。これに象徴されるような仕事本位の生活を日々、社員は送っているということです。

逆にいえば、**もしプライベートで何かがあったとき、会社以外のことに大きく人生の比重をかけてもらっていい、という考え方がないとおかしい**のではないか、と私はずっと感じてきました。例えば、家族が病気になった。長期の介護が必要になった。自分が病気になってしまった。

先に、2年間、在宅勤務をしてもらったエピソードも書きましたが、平常時に日々の7

～8割の比重をかけて会社や仕事に費やしてもらっていて、いざ社員が困るような局面に出くわしたとき、そんなことは知らない、ではやはり許されないと思うのです。

言ってみれば、**社員は生活の7～8割を費やすことで、会社に「貸し」を作っているのだ**と私は思っています。一方で会社には「借り」がある。だから、バランスを取る意味で、社員なり、その家族なりに何かあったときは、当然の如く（ごと）会社がフォローに回らないといけない。こういう考え方が、とても大事だと、長年感じ続けてきました。

そして、さまざまな状況に応じて極力フレキシブルにやっていく。そういうことを、ひとつの強みにできる会社でありたいのです。

ただ、きれいごとで言っているわけではありません。実のところ、では介護のために在宅勤務にしたら、あるいは子どもが小さいから勤務時間を柔軟にしたら、成果は出ないのかというと、まったくそんなことはないからです。むしろ、安心して働けることで、大きな成果を出してくれたりする。

結局、最終的にそれぞれの構成員がしっかり前を向いて全力投球しないと、成果なんて生まれません。その器をどう作るのか。それが、やはり社長としての大きな仕事ではないか、と思うのです。

３万部以上で定価の１％がもらえるご褒美

どうしてこんなふうに考えるようになったのか。もともとサンマーク出版という会社が、前社長である枻川惠一（かじかわ）の時代から、社員に報いることをよく考えてくれていた、ということはいえると思います。それは、社員としてうれしいことでした。ですから、私はそこから一歩踏み込んで、会社のあり方を考えていった、ということです。

例えば、これは昔からですが、小社では「企画賞」というものが設けられています。何かというと、実売にして３万部以上売れた本には、企画者に定価の１％のボーナスが出るのです。これは編集者に限らず、他部署であっても企画した人に出るうれしいご褒美です。10万部を超えた場合には、その１％のうちの半分が個人に行き、あとの半分は社員みんなで使うお金としてプールされます。

これは大きなヒットになると、企画者としては、なかなかスケールの大きなご褒美になります。私自身も編集者のときに、ずいぶんいただきましたので、今はそれをお返ししている印象があります。

また、売上・利益とも年度目標を達成すると、３年以上在籍している全社員に「達成賞与」という名目で、特別賞与が支給されます。会社の利益額に応じてですから、大幅達成のときなどは、ちょっとびっくりするような賞与が出ます。数年前にも、社内で1000万円プレーヤーがゴロゴロ出たことがあります。

基本的に社員に還元していこう、というのが昔からの風土なのです。それを今も踏襲しています。私が新たに始めたことも少なくありませんが、その筆頭は、フランクフルトで行われる世界最大のブックフェアを、全社員に経験してもらうようにしたことが挙げられるかもしれません。

社長になる前の1998年から、私は何度かこのブックフェアに行かせてもらいました。かつての東京国際ブックフェアの2倍ほどの会場が10棟以上もあり、規模の大きさにまず度肝を抜かれました。そして何日か通ううちに胸に芽生えたのは、世界の出版関係者との不思議な連帯感でした。

2019年も104か国から7450社の出版社が出展したようです。世界からさまざまな人種・言語の人たちが集まり、ライツ（著作権）を売り買いする場ですが、皆さん熱い思いをストレートにぶつけあう。売る、買う、と侃々諤々（かんかんがくがく）やるわけですが、本づくりを愛している人たちばかり。これがなんとも心地良く、高揚した気持ちになれる。そして夕方になるとハッピーアワーで、ワインを片手にまた商談が始まったりします。

フランクフルトブックフェアに全社員を

それまで日本という国、サンマーク出版という会社の中でしか自分の仕事を見てこなかったのですが、**サウジアラビアでもインドでもメキシコでも、世界中で編集者は懸命に本を作る仕事に向き合ってきた**ことに気づきました。

しかも、言葉が十分に通じなくても、奇妙なことに考えている内容はなんとなく波動のように自然に相手に伝わってしまう。驚きました。**ある種共通の「思い」でつながれる人が、国境を超えて存在していた**のです。その喜びに胸を打たれました。

会場から持ち帰った翻訳企画がどのくらい成功を収められるのか、ということも大事といえば大事なのですが、そのときに胸が熱くなった思いの「核」のほうが、今後の自分にはより重要になるのではないか。そんな予感がしました。

しかも、各国の出版社が出しているブースも展示している書籍も、素晴らしかった。とんでもなくお金をかけた巨大なブースがあったり、ちょっと日本ではお目にかかれないような豪華な作りの百科事典があったり。

ブースを見るだけでも勉強になる上、楽しいし、ワクワクしてくる。また、それぞれの出版社が明確な自社のミッションを掲げていて、これにも刺激を受けました。われわれのミッションを表現するとしたら、どんな言葉になるだろうかと、自問自答したのも初めてのことでした。そして、本づくりを職業にしてよかった、と感じました。だから、まだ社長になるなんて考えてもいなかった頃でしたが、社員全員をこの場所に連れてきたいと思ったのでした。

編集者だけでなく、地方の営業社員も流通センターのスタッフも全員。きっと感激するでしょうし、来てみないとこの素晴らしさはわからないはずです。

もちろんフランクフルトに行くとなると、それなりのお金がかかります。しかし、それくらいのことはしたいし、それくらいのことができるような会社にするために頑張ろう、と思ったのです。

それで、社長になってから思いを実現させました。約50名全員を一度に、というわけにはいきませんが、何年もかけて順番に行ってもらいました。せっかくのヨーロッパ行きですから、フランクフルトから直帰しないで、パリにも泊まって、ルーブル美術館だけでなくムーラン・ルージュも「見学」するというコースです。日本では味わえない、いろんな刺激を受けてほしかった。

実はパリに寄るので、純粋な会社の業務なのか、それとも単なる観光なのか、税務的な判断も難しいということで、半分しか経費にできないことがわかりました。それでも全額会社負担で行いたいと判断しました。

ライツ（著作権）や翻訳書のスタッフ以外でも、2度、3度と行った編集者もいます。編集部全員で行ってもらった年もあります。**仕事を欧米へ、世界へと広げていくのがあたりまえだという感覚を養ってほしい**と考えたからです。

社員の人生を豊かにすることができたら

2016年はミリオンセラーをはじめヒットに恵まれたため、翌2017年は、海外研修も行いました。イタリア、スペイン、ハワイ、アメリカ西海岸の4か所のコースから自分の興味のあるところを選んで、全社員が分かれて行きました。現地で書店などを視察してくる研修です。

実はスペインに行った『体幹リセットダイエット』の担当編集者の蓮見は、帰国後に提出したレポートの中で、次のような指摘をしていました。

「スペインの実用書は、ほとんどが1色のもので、2色はかなり珍しく、4色は皆無。日本の実用書が入ったら売れるかもしれない」

驚くべきことに、このレポートでの「予言」は現実のものとなりました。実際にそれから数年後、『体幹リセットダイエット』のスペイン語版が発売されるという幸運に恵まれ、その直後にスペインで、なんとアマゾン1位になったのです。できすぎた話だと思われるかもしれませんが、これは作り話でもなんでもありません。

ただ、海外研修をしたからといって、こうした成果がすぐに出なければいけない、とは私はまったく考えていません。**社員に期待しているのは、「非日常」をできるだけ味わってほしい**ということ。それは本づくりのみならず、間違いなく個々の社員の人生を豊かにしてくれるはずです。そして長い目で見ると、本づくりにも役に立つだろうと考えています。

出版不況で、経費がかかるから海外出張には行かない、海外取材などとんでもない、といった声も聞こえてきますが、私はむしろ逆だと考えています。われわれはゼロから1を生む仕事に携わっているのだから、社員一人ひとりが豊かな経験をすることは不可欠だと思うのです。そういうところからこそ、何かが生まれてくるはずです。

実際、いろいろな偶然にも出会える。われわれには、びっくりするようなご縁がいきなりできて、仕事の成果に結びつくような経験も多いのですが、それはこうしてどんどん動いているおかげだと感じています。

必要なことは種まきです。それをいろんなところで実行していく。芽が出るのは数年後かもしれませんし、出てこないかもしれない。でも、それでも構わない。損だとは思わない。種をまいたら、後は執着しないで、まいたこと自体、忘れるようにしています。やるべきことをしっかりやって、後は運を天に任せる。自力と他力、両方に賭ける。そういう発想に立って出版という仕事を考えれば、相当、面白いことができるのではないでしょうか。

張り詰めていたら糸は切れるよ

年度目標達成で、1か月の休暇が全員もらえる

年度目標を達成すると、全社員に達成賞与が与えられると先に書きましたが、これに加えてもうひとつ、社員に与えられるものがあります。これはいろいろな会社の方々から本当に驚かれるのですが、1か月の達成休暇が交代で全社員に与えられるのです。

これも、私が社長に就任する前からあった制度です。いつも緊張で張り詰めていたら、糸は切れてしまう。それでは社員もしんどいですし、会社もそんな状態では困ります。その意味でも、とてもいい制度だと思います。

しかも、この1か月の休暇を、社員は各人の個性を活かしてうまく使ってくれているようです。だいぶ前のことですが、4年連続で年度目標を達成したことがあって、そのときは毎年1か月、ロンドンでホームステイをしながら現地の語学学校に通って、4年かけて英語をものにした社員がいました。

また、ミリオンセラーの経験がある編集者が立ち上げたベンチャー企業で、1か月、無償で働いてきた、という女性編集者がいました。海外でフルマラソンを走ってきた、という社員もいました。

もちろん、1か月、毎日、昼寝をしていてもいいのです。読書しまくるのもいいし、書き物をしてもいいし、イベントに行きまくるのも、子育てに邁進するのもいいし、家族と触れあうのもいい。何をしても構わない。

1か月をまとめて一度にではなく、何度かに分けて取得することもできます。部署や立場によっては、小刻みに取る人も少なくないようです。

私も感心したこんな若い編集者もいました。**1か月、四国にお遍路に行ったというので**

す。**寝袋を担ぎ、山道を1000キロ近く歩き、ほぼ踏破したということです。**来ているお遍路さんのほとんどは、仕事をリタイアした人か、学生しかいない、という事実にも気づいたそうです。

山中で、ヤブ蚊に夜中に襲われて、とても寝られないので、また寝袋を担いで歩いた、なんてこともあったとか。なかなか得がたい体験をしてきたんだな、と感じると同時に、なんとも幸せな気持ちになりました。

1か月というまとまった日数をかけて「非日常」にどっぷりつかる。それによって、今までと違った景色が見えてきたら、それは財産になるでしょう。ただ、残念ながら彼は事情があって、その後退社してしまったのですが。

1か月も社員が会社を休んで大丈夫なのか、と思う人もおられるかもしれません。しかし、若い社員が1か月いないからといって、会社はつぶれません。そんなことは、経営者ならみんなわかっているはずです。

それなら、際立った経験をさせたほうがいい。1か月、休みをもらえることが、どのくらい社員にパワーを与えることになるか、ご想像いただけるでしょう。それを期待して、ということではありませんが、間違いなく企画力などにプラスになっていると思います。

「ルーティーン」を飛び越え、自由なことを許容できる会社でありたいのです。

実際、サンマーク出版では、編集者以外の全社員が企画を出すことができ、そこから大ヒットが生まれることもあります。

２０１２年に刊行された『「空腹」が人を健康にする』(南雲吉則著)は、財務担当の常務・盛岡誠治が企画を出し、編集部の新井一哉が担当して、50万部を超えるヒットになりました。編集者以外が提出した企画としては、驚異的ともいうべき、ハーフ・ミリオンの達成でした。他社では考えられないことかもしれません。

それまで経理・財務担当として、会社の中で、どちらかというと陽の当たらない道を歩き続けてきたのが盛岡でした。会社の危機にも縁の下の力持ちとして、大きな役割を果たしてくれました。この大ヒットは、見えざる大いなる貢献に対して、天がご褒美をくれたのだと信じています。

産休があたりまえの会社

子育て・介護があっても心地良く働ける会社に

女性が出産しても心地良く働ける会社になる。これは早くから宣言していたことでした。理由は簡単で、優れた女性社員が存分に力を発揮してくれるかどうかが、会社の未来を決めると考えていたからです。その背景としては、私の妻が結婚後も幼稚園教諭として仕事を続ける中で、流産や長男の出産・育児を乗り越えてきたことがあったのです。

先ほど、「会社には社員に〝借り〟がある」といいましたが、この問題については、**「社会全体が、働きながら育児や介護をする女性に〝借り〟がある」**と痛感してきました。

ですから、社員の希望に応じて、出産、子育てをしながらの就業が、できるだけスムーズにいくよう、就業規則を整えてきました。

就業規則や諸規程の変更をご紹介しましょう。

〈サンマーク出版の就業規則、諸規程の変更〉

◇2007年1月1日改訂

・定年　60歳　↓　65歳に変更。

・子どもの看護休暇を新設　1年間につき5日（子が小学校3年生の3月末まで、半日単位で取得できる）。
・出産祝い金　1万円　↓　1産児につき10万円。
・職場復帰祝い金　新設　育児休業終了後に職場復帰した場合、6か月後に10万円。
・育児休業　子が1歳6か月まで　↓　期間は、子が3歳に達するまでを限度として半年単位。
・育児短時間勤務　午前10時から午後5時までの実働6時間　↓　午前9時から午後5時まで（うち休憩1時間）の4時間以上。期間は妊娠判明時から子が小学校3年生の3月末まで。
・育児のためのフレックスタイム制　↓　期間は妊娠判明時から子が小学校3年生の3月末まで。コアタイムは午前11時から午後4時まで。
◇2015年1月1日改訂
・子どもの看護・スクールイベント休暇　1年間につき、8日。看護や学校行事等で休む場合、子が小学校6年生の3月末まで適用。
◇2017年1月1日改訂
・介護・疾病休暇　初年度120日（勤続1年以上の正社員）要介護状態にある家族を

介護するため、あるいは本人が疾病のため1か月以上休む場合に取得できる。4月1日を基準として、勤続1年以上の正社員に初年度120日を付与。翌年度から有給休暇の残余日数のうち、消滅する日数を、この介護・疾病休暇に加算。付与日数の限度は360日まで。

子どもの学校行事にも、制度で対応できないか

出産や産休、育児に関する制度は、多くの会社が取り入れています。私が意識したのは、女性社員の声を聞いて、彼女たちが本当に必要とする制度にしていくことでした。

例えば、子どもの看護・スクールイベント休暇。1年間につき、8日取得することができます。参観日や保護者会など、実は学校行事は意外に多いものです。そのたびに有給を取得してもらうのは申し訳ない。そこで、休暇制度を作ることにしたのでした。

そもそも子どもの学校行事があるたびに、親が頭を悩ませたり、そのための休暇申請に対して顔をしかめるような上司がいたりする会社というのは、おかしいと思うのです。

実は小社には、5階のフロアに夫婦で働いている社員がいます。どちらかが出張や勤務時間外のイベントに出る場合などには、小学生のお子さんが2人いるので、「今回は私が

休むから」といった会話がフロアで普通に行われていました。お子さんが会社にやってくることもありました。そういうことも、自然にできる会社でありたいと思っています。

また、これから増えてくるであろう介護・疾病休暇も、勤続1年以上で全員が取ることができるようにしました。日本では、みずほフィナンシャルグループの制度が最も先進的だったそうですが、それ以上のことをやろうということで、120日という異例の長期間を設定した上に、有給の残余日数を加算できるようにしました。

介護の問題は、日本のほぼ全国民が背負わなければならない、社会の問題です。さらにいうと、世界の先進国にとっても避けて通れない課題です。これを個人に押しつけるというのは、公器である企業としては、あってはならないことだと考えています。

一方で、ここでいっているすべてのことは**業績がよく、高収益だからできることでもあります。企業は、その両輪がそろってこそ前進できる。**制度を実現させるためには、高収益でなければなりません。それを保つのが、経営者の役割です。

年に2回、全社員と面談する

「大ぼら吹き」に代表される気宇壮大な構想を胸に抱いていようと、どんな立場の人間でも日々の仕事は細かな業務の積み重ねです。そういう仕事場での日々の中で、わざわざ社長にアポイントを入れて時間を取って対面するような案件は、そうは多くないかもしれません。

一方で、些細（ささい）だけれど気になっている問題を伝えたり、相談というよりは、ちょっとした情報交換をしたりしておいたほうがいい、といったことは案外多いものです。そうした思いから、社員全員と年に2度、半時間から1時間程度の面談をしてきました。もう10年以上続いているでしょうか。

社員数が50名程度だからできることではありますが、これに限らず、大切な案件はなるべく担当者から直接話を聞くように心がけています。そうしないと、微妙なニュアンスの差というものが伝わらず、判断を誤ることにつながるからです。

この面談を続けてきて、ずいぶん勉強させてもらったという感慨があります。

思いがけない著者のエピソードから、新刊に込められたエネルギーの大きさを知ったり、書店現場からの率直な声で、過剰な期待をいさめられたり。

もちろん長い間、成果を上げていない社員や、チームへの貢献度に問題のある社員には、耳の痛い指摘をして姿勢を正したりもしますが、**多くの場合は、私自身がうかつにも見落としていたことについて、気づきを与えてもらっている**ような気がします。

しばらくコンサルタントとしてお世話になっていた方から、「会社というのは、問題の塊です」と言われたことがあります。その言葉を反芻（はんすう）しつつ、自分なりに前向きに問題を一つひとつ解きほぐしていくしかないと感じるひとときでもあります。

かねての持論なのですが、通常トップである者が一番全体のことを把握していると考えられているけれども、そうではないのです。逆に、**その組織で最も下位の立場にいる存在が、全体のことを誰よりも把握しているもの**なのです。そういう実感を得られたのも、この面談を通してでした。

世界で2000万人に読まれる本を作ろう

海外ビジネスを何も知らないところから

ミリオンセラーですら大変なことなのに、世界で２０００万人に読まれる本を作ろう、とは何たる誇大妄想か、と思われるかもしれません。それでも私は、社長になった年から20年近く言い続けてきました。こんまりさんの本をはじめ、日本の活字コンテンツが、世界に出ていく、まだはるか前のことでした。

２０００万人とは、とんでもない数ですが、この気が遠くなるような数字に決めたきっかけがあります。有名なエピソードを知ったことです。

あるとき、松下幸之助さんが経営者３００人ほどを前にした講演会で、こんなことを言われたそうです。経営を安定させるためには、余裕を持った経営をしないといけない。そのためにはダムのように利益をしっかり貯めておいて、必要なときにダムから水を放出するように、そこから出すようにすればいいのだ、と。ダム経営の話です。

それを聴いていた経営者の一人が、こんな質問をしました。それができれば苦労はしない、いつもいつも私たちはその日暮らしで苦労している、どうしたらそんなダム経営などというものができるのか、と。

そうしたら、幸之助さんはこう答えるのです。

「どうしたらできるのかは、私にもわかりませんのや。まあ、それでも、そう思わんと、しゃあないわな」

その答えを聞いて、300人の聴衆はみんな失笑したそうです。それでは答えになっていない、とでもいうように。ところが、その中で一人だけ背中に電流が走ったという人がいた。その人こそ、稲盛和夫さんでした。

「まずは思うこと。ダムのように貯めようと思うことが大事だ」

と稲盛さんは気づいたのでした。私はこの話を本で読みました。

そして、ぜひともこの姿勢を見習いたい、と心に決めました。

「世界で2000万人に読まれる本を」

などというのは、途方もなく大きな夢なのかもしれません。しかし、「思うことから、すべては始まる」のです。

われわれが海外に目を向け始めたのは、1997年でした。この年、フランクフルトブックフェアを初めて視察したのです。実はこのときはまだ海外の出版ビジネスについて、何も知りませんでした。実際、翻訳書編集部の武田伊智朗は、あらかじめアポイントを取っていないとミーティングができないことも知らずに行って、現地で途方に暮れたのです。

それでも翌年以降、毎年参加するようになりました。

『人生がときめく片づけの魔法』世界で1200万部に

日本の出版社の海外との関わりは、欧米を主とする海外の本の権利を買い付けて日本語版を発行する、「買い」が大半です。もちろんわれわれもこれをやっており、前述した『神との対話』や『小さいことにくよくよするな！』を筆頭に、たくさんのヒットを生んできました。

一方で、日本でヒットしたものを海外でも売っていこうという「売り」にも力を入れ、先行投資してきたことが、今のわれわれの「強み」につながったようです。

最初の成功事例となったのは、2001年に日本で刊行され、30万部近いベストセラーになった『水は答えを知っている』でした。著者が世界各国で講演活動を行っていたこともあって、翌年にドイツのコハ社から翻訳出版。2004年には著作権エージェントのインターライツ代表・長谷部潤さんの尽力のおかげで、ビヨンド・ワーズ社と契約が成立し、アメリカでの刊行が実現しました。

これが『ニューヨーク・タイムズ』で28週間連続でベストセラーランキングに入り、シリーズ47万部というヒットになりました。その後、中国で約140万部、韓国で26万部など、35か国・地域で合計300万部となりました。

今では世界各国の出版社と約1500の契約を交わしていますが、海外での「売り」で大きなインパクトを世界に与えることになったのが、2011年に刊行された、こんまりさんの『人生がときめく片づけの魔法』です。

日本でもシリーズ累計200万部を超えていましたが、2011年に台湾の方智出版社、2012年には韓国のドナン出版、中国の北京鳳凰雪漫文化有限公司が刊行。さらに欧米で、ドイツ語版を皮切りに、英語版（イギリス）、イタリア語版も発売となりました。

アメリカ、カナダ向け英語版は2014年にテン・スピード・プレスが刊行。『ニューヨーク・タイムズ』で27週連続1位、大手書店のバーンズ&ノーブルでも11週連続の1位を記録。アマゾンでも2015年に年間総合2位を獲得し、アメリカだけで400万部を突破しました。日本の出版業界にとっても「金字塔」を樹立したね、と多くの方々から祝福の言葉を頂戴しました。

その後、42か国で契約が成立しましたが、第2弾となる『人生がときめく片づけの魔法②』（英語版タイトル『SPARK JOY』）では、これまで欧米には高額アドバンスを一方的に「払わされっ放し」だったとの思いがあり、アメリカをはじめとして、異例の高額アドバンスとなりました。

その後も、こんまりさんの名字の近藤が「ｋｏｎｄｏ」として「こんまり流で片づける」を意味する動詞として使われるようになったりと、メディアからも注目を集めました。こんまりさんはアメリカに移住。２０１９年にはネットフリックスの番組がアメリカをはじめ世界中で話題になって、本も各国で再度ランクインするなど、長いブームとなりました。

日本の出版社としては、コミックを除いて、世界的なミリオンセラーを連発するケースは異例だとのことです。その背景には、30年以上もの長きにわたってお世話になってきた長谷部潤さんを筆頭に、ビヨンド・ワーズ社社長のリチャード・コーン氏、グドヴィッツ&カンパニー代表のニール・グドヴィッツ氏らの多大な貢献があったのです。

海外発行総部数は２５００万部に

現在までのサンマーク出版の海外発行総部数は２５００万部を超えています。海外版の刊行も延べ１０００点になっていますが、これは小社の総発行点数の約４割にあたります。

年間刊行点数は80点から１００点ですが、翻訳書などを除いた60点から70点のうち、およそ半数にはアジアの出版社を中心に翻訳のリクエストが入り、３〜５割は契約に至っています。版権収入はここ７〜８年で大きな収益源に育ちました。国内で採算が取れなかった本が版権収入で黒字になることもあるほか、海外への版権販売は著者にとっても大きなメリットになっているはずです。何よりも、世界中に読者が広がるというのは、著者の夢をかなえることになるでしょう。

もちろん、難しさもあります。例えば、欧米の出版社には日本語を理解する編集者はほとんどいません。そのため、これはという書籍は、自分たちで英訳して売り込んでいく必要があります。このとき重要になるのが、翻訳のクオリティです。

『人生がときめく片づけの魔法』は、高松市在住のカナダ人、平野キャシーさんに翻訳をお願いしました。国際アンデルセン賞を受賞された上橋菜穂子さんの『獣の奏者』（講談社）を担当されるなど、実力派の翻訳者です。こんまりさんの本はコンテンツとして素晴らしいのですが、英語版で「ときめき」という言葉を「Spark Joy」と訳した平野さんのセンスは秀逸だったと思っています。平野さんに翻訳を頼まなかったら、ここまでのヒットにはならなかったのではないか、と感じているほどです。

また、翻訳書の刊行が多い台湾や韓国については、先方からエージェントを通してオファーが入ることも少なくありません。これらの国の出版社には日本語を読める編集者も多い。アマゾンのランキングをチェックして、毎日のように問い合わせが入るようです。

ここで活用されるのが、小社ウェブサイトで刊行前の1章分を無料でダウンロードして読める「**サキ読み**」**サービス**です。ここをチェックして、未刊の本についての問い合わせが入ることもあります。

日本のスピリット、神秘性が大きな武器に

現地の出版社といかにいい関係を築けるか。各国出版社とのネットワークは、重要な財産です。台湾、韓国、中国は、それぞれ台北国際書展、ソウル国際ブックフェア、北京国際図書展示会などに参加して、現地の出版社やエージェントとの関係を強化しています。おかげで、かつては低額だったアドバンスも、徐々に伸びてきました。

台湾のヒットメーカー・圓神出版とは、社員旅行でみんなで台北を訪ねて交流するなど、会社同士のお付き合いをしています。版権売買のビジネスをするだけではなく、現地の出版社との関係を深めることで付加価値を生み出したいのです。ありがたいことに、現地で刊行された翻訳書の部数も伸び、たびたびランキングにも入っているようです。

フランクフルトでは、日本の出版社が出す日本館ではなく、より来場者の多い英米館に出展してきました。これは、最初のヒットになった『水は答えを知っている』を刊行してくれたビヨンド・ワーズ社の厚意から、共同出展という形をとらせていただいたのです。

日本語という言語の壁を意識しすぎるあまり、日本の活字コンテンツは世界で売れないという「限界意識」が強すぎたと私は見ています。**「世界でも売れる」「世界で売ろう」――まずはそう思うことです。**いい本は、必ず世界で受け入れられる。とりわけ心と体についての書籍は、海を越え、言葉や肌の色に左右されません。

また、世界が成熟していく中で、日本独自のスピリットに注目が集まってきていると私は感じています。例えば、こんまりさんの片づけでは、今までお世話になった服やものに「ありがとう」と言ってから捨てる。服やものにありがとうと言うことが、どこかで日本的なるもの、「禅の精神」のようなものにつながって新鮮に映り、それが欧米でもクールだといわれているのです。

2020年に入って、『体幹リセットダイエット』の著者・佐久間健一さんが、スペイン語版の第2弾刊行に合わせて現地でプロモーション活動をし、スペインのアマゾンで総合1位を獲得したといううれしいニュースも届いています。

また、タイで『営業マンは「お願い」するな!』がヒットし、著者の加賀田晃さんが現地で講演に招かれるなど、さまざまな動きがあります。タトル・モリ・エイジェンシーから移籍して国際ライツ部部長として活躍している小林志乃にとって、忙しい日々が続くことでしょう。

片づけに限らず、世界に誇れる、日本に固有の優れた考え方や精神は、たくさんあります。そこには、大きなポテンシャルが潜んでいるのです。

最近では、小社ともご縁のある作家・本田健さんが、自著『happy money』（翻訳はフォレスト出版）をサイモン&シュスター社から世界の30か国で刊行するなど、海外を視野に入れた活動が増えてきました。日本の出版業界にも新しい流れが生まれつつあるのをうれしく思っています。

のんびり印税暮らしの会社になる!?

製造業は売り上げの半分を海外で稼ぐ

これも、社長になったときから、「サンマーク出版かるた」に書き付けていた言葉です。

「のんびり印税暮らしの会社になる」

われわれの刊行した本が世界中の人に読み継がれ、たくさん印税をいただき、会社として、のんびり印税暮らしをすることはできないだろうか、と。そうなれば、あくせくしないで大きな構想で次の仕事に取り組めるな、という遠大な願望です。

そんなことができるはずがない、と思われるかもしれませんが、実現しなかったところで、誰も損はしません。

少なくとも、そう思うことが大事ではないかということを標榜（ひょうぼう）しています。ですから、ふざけていると思う人もいるかもしれませんが、この旗もずっと降ろさずに来ています。

そもそも、日本の製造業は売り上げの半分近くを海外で稼いでいるのです。それを考えると、出版業界も、もっともっと世界に出ていったほうがいいのではないか。海外版権ビジネスに力を入れるのは、そういう背景もあるのです。

実際、日本でもヒットした「本物」は、海外で確実に売れる。稲盛さんの『生き方』は、前述した通り中国だけで400万部を超えました。もっとも、海賊版は一説には2000万部にのぼっているとか。海賊版は困りますし、最近ではだいぶ当局の監視も厳しくなって改善されてきていると聞いています。

いずれにしても、**「ど真剣に生きたい」と説く本が、政治体制の違いを超え、海を越え**

て、驚異的な数の読者をつかんでいることに、私は出版業界に生きる人間として限りない喜びを感じています。

電子書籍は「変化への対応」が肝

経営者は常に新しい収益源を求めて手を打つ必要があります。ひとつは電子書籍です。われわれが紙以外の本＝電子書籍への取り組みを始めたのは、１９９０年代の終わり頃からです。

その後、できるだけコストをかけずに実験的に取り組みを進め、２００７年には電子書籍の専任責任者を採用しました。現在デジタルコンテンツ部の部長を務めている奥村光太郎です。ただ、彼に言わせると、暗黒時代が長かったそうです。というのも、入社して数年は売上が本人の年収を下回っていたからです。

その後、２０１０年にｉＰａｄが発売されたあたりから、電子書籍にも活気が出てきて、この年の夏に編集者20名に会社からｉＰｈｏｎｅを支給しました。実際に使ってみると、意外に読みやすく、これは間違いなくニーズが出てくるという手ごたえをスタッフも感じたようでした。

翌２０１１年が、まさに電子書籍元年でした。存在感のある売上が計上できるようになってきて、２０１２年にＫｉｎｄｌｅが上陸すると一気に拡大。２０１３年には小社でも部門売上が１億円を超えるようになりました。

電子書籍の市場では、圧倒的にコミックが多いのですが、われわれは単行本が主体です。しかもアイテム数はそれほど多くありませんから、１タイトルあたりのダウンロード数では、それなりの存在感を出せていると考えています。

ただ、端末や通信環境が毎年のように変化していくので、予測するのが難しい上、判断を誤れば一気に売上を失うリスクもあります。「変化への対応」が苛烈に求められる分野だけに、現場は「のんびり」とはほど遠い日々だと思います。

電子書籍の利点としては、大きなヒットが生まれた場合、それに連動して電子の売上も伸びていくところです。上手にコストを抑えつつ売れ筋を見極めて取り組めば、高収益につながるととらえています。

音声版への取り組みも、業界ではいち早く音声コンテンツに力を注いできたオトバンクさんにお世話になって、同じように早い時期から始めました。最近はスマートスピーカーなどとの連携もあって、多くの企業が参入してきており、今後は想像以上に伸びていく市場になるのではと期待しています。

歴史から「長く栄えた理由」を学ぶ

出版という仕事を通して、経営を学んだ

これまでの人生を振り返って思うのは、出版という仕事に携わってきたおかげで、どれほど大きな学びを得たか、ということです。とりわけ経営者になってからは、それまでの本づくりの体験が、大いに活かされました。出版という仕事を通して、気がついたら経営を学ばされていたといっても過言ではないかもしれません。

例えば、船井幸雄先生にしても、牟田學さんにしても、自分がゆくゆく社長になるなどということは、まったく考えていないときに本づくりをさせていただきましたが、学びは大きかった。**「門前の小僧、習わぬ経を読む」**ではありませんが、**本づくりを通して気づかぬうちに経営の真髄に触れていた**としたら、こんなにありがたいことはありません。

もちろん、偉大な先達たちから教わったことが、まっとうにできているわけではありません。『京セラフィロソフィ』を献本した経営者の方から、「植木さん、素晴らしい本だけど、どの項目も僕にはぜんぜんできていない」と悲しげな目で言われたことがあります。

実は私もそうですし、驚くべきことに、稲盛さんご自身もそうおっしゃっていました。すべてできている、ということではなく、そこをめざそうとすることが大事なのだ、と。なるほどめざすことが大事なのか、それなら自分にもできるかもしれない、と目からウロコが落ちたのを覚えています。

そして偉大な先人に学ぶ一方で、歴史や歴史上の人物から学ぶことの大切さも改めて認識しました。

社長に就任したのは2002年7月1日ですが、その前後半年ほどかけて読んだ本があります。山岡荘八の『徳川家康』（講談社）全26巻です。

企業にとって何よりも大事なことが「永続発展」です。このキーワードに最もふさわしい人物が、江戸幕府260年の礎を築いた徳川家康だと考えたのです。「民のため」という思いで貫かれたのが、家康の人生でした。

15代前にさかのぼって先祖を祀ったことが、15代にわたって栄えた理由のひとつだといわれています。**「人の一生は重荷を負うて遠き道を行くが如し」**という文言で有名な家康の「ご遺訓」。続きは、「急ぐべからず。不自由を常と思へば不足なし。心にのぞみおこらば困窮したる時を思ひ出すべし。堪忍は無事長久の基。怒は敵と思へ。勝つ事ばかり知りて負くる事を知らざれば、害其の身に至る。己を責めて人をせむるな。及ばざるは過ぎたるよりまされり」。

実に深い言葉の連続で、苦労人・家康の面目躍如の感があります。こうした考えを基盤に生きていけば、めったなことで足元をさらわれることがない、そんな気にさえなります。

めざすは「最高の仕事と、いい人生」

愉しみや喜びや癒しを、どれだけ与えられたか

社員によく言う言葉に**「最高の仕事と、いい人生」**があります。そして大事なことは、

この順番だと伝えます。「いい人生と、最高の仕事」ではないのです。やはり最高の仕事があってこその、いい人生でしょう。最高の仕事ができないと、なかなかいい人生にたどりつけない。私は、そう思っています。

自分自身もそうですが社員のみんなにも、本当にいい人生を歩んでほしい。本気でそう思っています。そのためにも、最高の仕事をしてほしいのです。なぜかといえば、そこにこそ大きな人生の価値があるからです。

人の価値、人生の価値とはいったい何なのか。それを真剣に考えていた時期があります。例えば、一生の価値には、稼いだお金や築きあげた財産があるかもしれない。終の住処となった邸宅があるかもしれない。あるいは社会的な地位や人脈、育て上げた人財があるかもしれない。そんなふうに、目に見えるものや測りやすいものでとらえるのが一般的です。それはある面では正しいのかもしれませんが、ではそれだけなのか。そして、それは本当に最高の価値なのか。そこを問わないといけないと考えたのです。

考え続けて、ひとつの結論を出しました。こういうことです。

その人がいることによって癒されたり、励まされたりする。にこやかな顔を見ているだけでホッとできる。ひと声かけてもらっただけで、元気になれる。そんなふうに、**人に愉しみや喜びや癒しを、その人が存在することによってどれだけ与えられたか。それらの量**

と深さ。その総和こそが、もしかしたら、その人の人生の価値なのではないか、と。

私は、これはあながち答えとして遠くないと思いました。実は２００８年の中期経営計画にこの話を書いているのですが、今も読み直してくれる社員がいると聞きました。

そしてわれわれの仕事は、たくさんの人に愉しみや喜びや癒しを送り出すことができるのです。最高の仕事をすればするほど、それだけ大きな愉しみや喜びや癒しを提供できる。つまり、大きな人生の価値を生み出せるということです。それは、間違いなくいい人生、豊かな人生をもたらすと私は考えています。

しかもこの仕事には、人生を送る上で最高のギフトがある。それは、編集者でも営業スタッフでも、**仕事を通じて大きな学びを得て、変化できる可能性が大きい**、ということです。立派な人たちと張り合って議論したり、提案したりする。大変なことですから当然、勉強もしないといけない。困難にもぶつかる。しかし、自分も変化します。

どれくらい変化率の高い場に身を置くのかは、人生の価値を大きく左右します。なぜなら、変化して成長していくことができれば、それだけ大きな愉しみや喜び、癒しを提供できるからです。それだけ人の役に立て、喜んでもらうことができるのです。それはそのまま、自分にはね返ってくるのです。

このようなことは、よくよく考えると、どんな仕事にも共通していることかもしれません。

稲盛さんの語った、私が大好きな言葉があります。

「仕事は人生の砥石である」

最高の仕事は、人生を最高にしてくれるのです。私はぜひ社員みんなに、さらには多くの方々に、いい人生を送ってほしい。だから、最高の仕事をしてほしいのです。

おわりに

「思うことから、すべては始まる」というテーマで、本書を書き進めてきました。ここでそれに関連して、触れておきたいことがあります。

１９９１年ですから、30年近くも前のこと。当時、「データベース通信」といわれていたことを始めようと、マッキントッシュＬＣを購入しました。

そちらのほうは、しばらくして熱が冷めたので、マックは本来考えていた役割をあまり果たせなかったのですが、副産物としてその年から、その折々に感じたことや考えたことをＰＣに書き残すという習慣ができました。

とりわけ、その年に起きたことの年末の回顧の書と、新しい年にはこんなことが起きるのではないかという年頭の書、２通を書き綴る（つづる）ことには、力を入れるようになりました。

内容の８割がたは仕事に関わる話です。その時点でベストセラーになっている本が、どの程度まで部数を伸ばすのか。新刊の刊行予定表のどのアイテムが、どの程度ヒットするのか。さらに、海外ライツ（著作権）や電子書籍の収益はどうなるのか。新規事業はどこまで進捗するのか。

誰に読ませるものでもないので、ときに自分自身にツッコミを入れたり、以前の失敗を振り返ったりしながら、肩の力を抜いてPCに向かいます。

そしてあとの2割は、高校時代の友人4人組で3年ぶりに旅行を計画しようとか、女房殿のパステル画の個展会場を押さえようとか、読書計画や体重管理（！）まで、個人的にやりたいことや気になっていることも書き込むようにしています。

分量も当初はA4にしてそれぞれ数ページだったものが、年を経るごとに増えて、ときには合わせて17～18ページにも及ぶほど。こうなると、年末年始の休暇はほぼ書斎にこもりきりで、書くことに専念しなくてはなりません。

もちろん嫌いなことをしているわけではないので、ある種の充実感はあるものの、なかなか大変な作業です。それを途切れることなく30年間続けてきたので、気がついたら分量も書籍に換算して3冊分以上。すべて読み返そうとすると、ひと仕事です。

本文中で書いたように「量が質へと高まった」かどうかは知る由もないのですが、これを継続していく中で、面白いことに気づきました。というのは、同じ年の「年頭に」と「回顧」を読み比べると、予測したこと、強く念じたことが、何度となく現実のこととなっているのです。偶然にしては、確率が高すぎます。

　生まれつき左脳型というよりは右脳型で、大きな判断においては、理詰めというより直感を重視してきたのは事実です。生きること自体、一種の博打(ばくち)だと考えてきたせいか、わりあい勝負事にも強かったという自覚はあります。ただ、だからといって年始に予測したことが、年末に実現することにはならないでしょう。

　おそらくこれは、次のようなことではないかと、私なりに理解しています。

「思うこと」から始めて、それを深め、文章に落とし込み、実行し、ときに失敗し、そして反省する。これをくる年もくる年も毎年やり続けていると、予想し願望したことが、ときに目の前の現実として生起する……そういうことなのかなと。

　この話は社員には何度か伝えてきたつもりですが、もしかしたら読者の皆さんにも、ご参考になるかもしれません。仮に同様のことを続けて、予想や願望が実現しなかったとしても、その時その時に自身がどんなことに意を注いでいたのか、書き記したものがあるというのは、ある意味で人生を豊かにしてくれるはずだと思います。

　さて、本書ではミリオンセラーをはじめ、大ヒットしたエピソードを中心に述べてきました。ところが、最後に正直に申し上げなければなりません。うまくいった、ヒットした本よりも、売れなかった、失敗した本のほうが圧倒的に多いのが現実だ、ということです。売れた本というのは目立ちます。騒がれ、ニュースになり、人に知られるところとなります。しかし、売れなかったものは、幸か不幸か目立たないのです。売れなかったものに、興味を示す人はほとんどいません。だから、知られないのです。

私は講演などでもよく申し上げていますが、倉庫の裏は死屍累々、です。これをきちんと告白しておかなければなりません。

そして何より、うまくいったのは社員のおかげだ、ということです。社員のみんなの頑張りがあってこそ、今のサンマーク出版はあるのです。その意味で、私は大したことはやっていません。

実際、こんなことがありました。年度目標を達成すると、特別賞与が出たり、1か月の達成休暇がもらえたり、と社員にとってもうれしいことになります。だから、一生懸命にやってくれています。

ところが2014年、達成できると思っていた年度目標が、私のミスリードが原因で達成できなくなってしまったのです。

私は大いに反省しました。そして2015年の年度方針発表会でこう言いました。

「今年、年度目標が達成できなかったら、私は頭を丸めて丸坊主になる!」

全社員の前で、高らかに宣言しました。本気でした。そのくらいの強い気持ちで、やらなければいけないのだと自分に言い聞かせたのでした。

ただ、宣言した後に「しまった」と焦ったのは、悲しいかな、丸めるほどの頭髪が、あまり残っていないことに気づいたからですが……。

冗談はさておき、そんなつもりで言ったわけではまったくないのに、という事態が起きたのは、それから間もなくでした。誰ともなく、こんなことを言い出したのです。

「もし年度目標が達成できなかったら、社長を丸坊主にさせた社員になってしまう」

その年の社員の頑張りは、私も驚くほどでした。私は覚悟を持って経営に臨む、ということだったわけですが、社員はそんなふうに受け止めてくれた。本当に必死になってやってくれたのです。

そうすると、やはり運も味方してくれるのだと思います。国内でもヒットが出て、海外からのライツの収入も予想以上に上ぶれし、見事に年度目標を達成することができたのです。しかも、その年から5年連続で達成しています。本当にありがたいことです。

大学受験に失敗して二浪したとき、同じように二浪した親友と南紀・潮岬に行ったことを覚えています。大きな波が岸壁に打ち寄せると、巨大な岩に当たって、ものすごい音がします。しかし、岩はびくともしません。

大変な轟音が繰り返される中、ふと私は思いました。受験に落ちたなんて悩みは、なんと小さなものか、と。次の年に受験に失敗したら人生は終わる、くらいに思い詰めていた私でしたが、そのときにこんなことを書き留めたのでした。

「この世界と別のところに、違う世界があることを、絶対に忘れないようにしよう」

それは、私のひとつの人生の支えでした。何があっても、違う世界に巡り合える。それが人生です。もしそのことを知っていたら、人生の景色は変わって見えてくるのではないかと思っています。

日本は、厳しく苦しい時代が続いています。これまで経験したことのないような過酷な日々を、国民全員が強いられているのです。

でも、違う世界はきっとある。土砂降りの雨に打たれながら晴天をイメージするのに近い至難の業ですが、かすかな夢でも一人ひとりが胸に抱いて、前に進んでいけたらと思うのです。

そのために、本書が一助となれば幸いです。

最後になりましたが、本書を出版するにあたっては、サンマーク出版の元取締役にして、今は独立して株式会社なないち代表を務める鈴木七沖さんにお世話になりました。10年以上前から本の執筆を勧めてくれていたのが彼でした。ようやく応えることができました。
また、構成・編集の作業を進める上では、ブックライターの上阪徹さんにご尽力いただきました。この場を借りて感謝申し上げます。
編集者時代には、数えきれないほどの本を編集する機会に恵まれましたが、まさか自分が書き手になるとは思ってもみないことでした。ただ、こうして自分が「思うこと」を言葉に置き換えていくという行為は、これまでの体験を整理することに止まらず、新たな夢やビジョンを描くための小径へと誘ってくれる、新鮮な体験でした。

本書が少しでも多くの方のお役に立てることを祈っております。

2020年6月

植木宣隆

サンマーク出版　かるた

一冊のエネルギーが、人生を変える

ロングセラーは企業の宝

張り詰めていたら糸は切れるよ

は　ろ　い

に　ほ　へ　と　ち　り

人間は「首から上」より「首から下」

「本然」をベースに戦略を立てる

ヘンタイこそ創造の泉

とことんやり切れば、天は見放さない

長所を伸ばせば欠点は隠れる

理屈はいつも裏切られる

ぬ　る　わ　か　よ　た

抜きん出た強みのある著者か？

累計部数を伸ばすことに命懸け

わかりやすさこそ真理

「過去はオール善」と心得て前を向く

夜明け前にタイトル案はやってくる

戦う編集者たれ

れ　歴史から「長く栄えた理由」を学ぶ

そ　ソフト産業はすべて多産多死

つ　次のヒットは「けったいなもの」の中から

ね　願いを書き出し、発表する

な　何がいいたい本なのか

ら　乱調の中に美がある

やくおのうむ

無理のない成功はない

運がよくなる生き方をしているか

のんびり印税暮らしの会社になる!?

「驚き」を生むタイトルになっているか

繰り返し自分の土俵に立ち戻れ

柳の下に金魚を放て

まけふこえて

まずは「そう思うこと」から

経営はまず社員とその家族のため

プラスのベクトルで考えろ

困難な人生に寄り添える本を

エネルギーの伝播（でんぱ）現象を口コミという

天地自然の理（ことわり）に学ぶ

あ　さ　き　ゆ　め　み

圧倒的な「量」が「質」へと転化する

産休があたりまえの会社

キラーコンテンツを生み出し、広める

有名人、はじめはみんな無名人

めざすは「最高の仕事と、いい人生」

ミリオンを強く念じて実現する

し　女性が味方してくれないと、部数は伸びない

ひ　病人のお見舞いに持っていける本か？

も　盛りだくさんは売れない

せ　世界で２０００万人に読まれる本を作ろう

す　砂浜に砂金が隠れている

23	水は答えを知っている 江本勝著　2001年11月	282,500部
24	見るだけで勝手に記憶力がよくなるドリル 池田義博著　2019年6月	280,000部
25	成功している人は、なぜ神社に行くのか? 八木龍平著　2016年7月	275,000部
26	快癒力 篠原佳年著　1996年6月	262,000部
27	稼ぐ人はなぜ、長財布を使うのか? 亀田潤一郎著　2010年12月	260,000部
28	こうして、思考は現実になる パム・グラウト著　桜田直美訳　2014年4月	257,000部
29	神との対話 ニール・ドナルド・ウォルシュ著　吉田利子訳　1997年9月	252,000部
30	血流がすべて解決する 堀江昭佳著　2016年3月	244,000部
31	始めるのに遅すぎることなんかない! 中島薫著　1999年7月	239,000部
31	いのちのまつり　ヌチヌグスージ 草場一壽作　平安座資尚絵　2004年10月	239,000部
33	この嘘がばれないうちに 川口俊和著　2017年3月	235,000部
33	営業マンは「お願い」するな! 加賀田晃著　2011年2月	235,000部
35	CD付　英語は絶対、勉強するな! 鄭 讃容著　金 淳鎬訳　2001年6月	231,000部
36	脳からストレスを消す技術 有田秀穂著　2008年12月	220,000部
36	Think clearly　最新の学術研究から導いた、よりよい人生を送るための思考法 ロルフ・ドベリ著　安原実津訳　2019年4月	220,000部
38	夢をかなえる勉強法 伊藤真著　2006年4月	212,000部
38	スタンフォード式　疲れない体 山田知生著　2018年5月	210,000部
40	生命の暗号 村上和雄著　1997年7月	207,000部
41	お金のことでくよくよするな! リチャード・カールソン著　小沢瑞穂訳　1999年3月	200,000部
41	採用の超プロが教えるできる人できない人 安田佳生著　2003年2月	200,000部
41	きっと、よくなる! 本田健著　2005年1月	200,000部
41	世界一伸びるストレッチ 中野ジェームズ修一著　2016年2月	200,000部

25年間のベスト＆ロングセラーズ（2020年4月時点）

1	脳内革命 春山茂雄著　1995年6月	4,100,000部
2	小さいことにくよくよするな！ リチャード・カールソン著　小沢瑞穂訳　1998年6月	1,733,500部
3	人生がときめく片づけの魔法 近藤麻理恵著　2011年1月	1,590,000部
4	病気にならない生き方 新谷弘実著　2005年7月	1,408,000部
5	脳内革命② 春山茂雄著　1996年10月	1,340,000部
5	生き方 稲盛和夫著　2004年8月	1,340,000部
7	モデルが秘密にしたがる　体幹リセットダイエット 佐久間健一著　2017年5月	1,200,000部
8	どんなに体がかたい人でもベターッと開脚できるようになるすごい方法 Eiko著　2016年4月	1,000,000部
9	ゼロトレ 石村友見著　2018年5月	860,000部
10	コーヒーが冷めないうちに 川口俊和著　2015年12月	850,000部
11	体温を上げると健康になる 齋藤真嗣著　2009年3月	700,000部
12	「原因」と「結果」の法則 ジェームズ・アレン著　坂本貢一訳　2003年4月	671,000部
13	なぜ、「これ」は健康にいいのか？ 小林弘幸著　2011年4月	520,000部
14	「空腹」が人を健康にする 南雲吉則著　2012年1月	500,000部
15	心を上手に透視する方法 トルステン・ハーフェナー著　福原美穂子訳　2011年8月	430,000部
16	かみさまは小学5年生 すみれ著　2018年3月	390,000部
17	「ついていきたい」と思われるリーダーになる51の考え方 岩田松雄著　2012年10月	363,000部
18	病気にならない生き方②　実践編 新谷弘実著　2007年1月	340,000部
19	人生がときめく片づけの魔法② 近藤麻理恵著　2012年10月	330,000部
20	千円札は拾うな。 安田佳生著　2006年1月	296,000部
21	スタンフォード式　最高の睡眠 西野精治著　2017年3月	290,000部
22	英語は絶対、勉強するな！ 鄭 讃容著　金 淳鎬訳　2001年1月	284,000部

[著者プロフィール]

植木宣隆（うえき　のぶたか）

株式会社サンマーク出版 代表取締役社長。1951年、京都に生まれる。76年、京都大学文学部独文科を卒業。株式会社潮文社を経て78年、サンマーク出版の前身である株式会社教育研究社に入社。戦後2番目（当時）の大ヒットとなった春山茂雄著『脳内革命』（410万部）をはじめとして、久徳重盛著『母原病』や船井幸雄著『これから10年生き方の発見』などを企画編集した。リチャード・カールソン著『小さいことにくよくよするな！』（173万部）や稲盛和夫著『生き方』（133万部）、新谷弘実著『病気にならない生き方』（140万部）、近藤麻理恵著『人生がときめく片づけの魔法』（159万部）など、編集長として、また経営者として、この25年で8冊の単行本ミリオンセラーに恵まれてきた。ライツの海外販売にも早くから取り組み、江本勝著『水は答えを知っている』は世界35か国で累計300万部、『生き方』は中国で400万部を突破した。2015年には『人生がときめく片づけの魔法』が世界20か国で大ヒット。アメリカではアマゾンの年間総合第2位、400万部を突破。サンマーク出版の海外発行総部数は累計2500万部超となっている。2002年より現職。

思うことから、
すべては始まる

2020年７月20日　初 版 発 行
2020年７月30日　第３刷発行

著　　者　植木宣隆
発 行 人　植木宣隆
発 行 所　株式会社サンマーク出版
〒169-0075 東京都新宿区高田馬場2-16-11
☎03-5272-3166（代表）

印　　刷　共同印刷株式会社
製　　本　株式会社若林製本工場

定価はカバー、帯に表示してあります。
ISBN 978-4-7631-3840-8　C0030
サンマーク出版ホームページ　https://www.sunmark.co.jp